农村妇女科学素质提升行动科普丛书

幸福生活100问

中国农学会　组编

中国农业出版社

编 委 会

主　　编：赵方田　张　晔

副 主 编：孙　哲　冯桂真　史占彪

编　　委（按姓氏笔画排序）：

马长路　马俊哲　王海丽　王雪梅　王超英

石进朝　史占彪　史瑞萍　冯桂真　毕　坤

孙　哲　孙茉芊　李　凌　张　晔　张　越

陈永梅　周　晖　郑志勇　赵方田　赵爱国

侯引绪　夏　飞　唐　芹　廖丹凤　缪　珊

本书编写：史占彪　王雪梅　史瑞萍

……写给农村姐妹们的知心话……

姐妹们：

经过近一年的辛勤工作，“农村妇女科学素质提升行动科普丛书”就要与大家见面了。我们全体工作人员首先向你们致以最诚挚的问候！

“妇女能顶半边天”，但在我国乡村，勤劳勇敢的妇女们顶起的几乎是“整个天”。你们既“主内”，又“主外”；既要生产劳作，又要操持家务；既要照顾老人孩子，又要应对各类问题。看到沉重的担子压在你们瘦弱的肩上，我们真心地想要帮姐妹们一把。

我们知道，你们期盼家庭富裕，家乡发展，环境改善，希望用自己的力量创造美好的新生活。正是针对这一愿望，我们组织有关方面的专家精心编制了这套科普系列读本，为大家提供科学种植、健康养殖、环境保护、妇幼保健、心理健康、法律法规等方面的适用知识、科学理念和实用技术，帮助大家逐步提高科学生产、健康生活和科学发展的素质和能力，把家乡建设得更美好，让生活过得更幸福！

这套科普系列读本图文并茂，通俗易懂，科学简明，务实管用，希望你们能够喜欢。在编创过程中，得到了农业部科技教育司、中国科协科普部、全国妇联农村发展部的大力支持；中华医学会、北京大学第一医院、农业部管理干部学院、北京农业职业学院、中国科学院心理研究所、中国环境科学学会等单位的有关专家也付出了辛勤的劳动，给予了真诚的帮助。值此谨致谢忱！

希望这套科普丛书能为提高广大农村妇女的科学文化素质略尽绵薄之力！

中国农学会

2014年3月8日

随着我国农村务工人员大量涌入城镇，农村留守妇女日益增多，尽管农村姐妹们具有坚毅刚强、吃苦耐劳的品格，但由于生产和生活压力较大，精神和思想负担较重，普遍缺乏幸福感，甚至承受婚姻危机的困扰。对此，加强农村妇女心理健康科普教育迫在眉睫。

这本小册子针对农村妇女心理健康所存在的问题，做出了科学简明的解答，主要包括：亲子教育、婚姻家庭、情绪管理、人际关系、自我关爱、心理健康知识等六个方面。目的是让农村妇女懂得如何教育孩子，如何化解家庭矛盾，如何释放负面情绪，如何处理邻里关系，学会关爱自己，保持积极乐观的精神状态，打造幸福人生。

让我们携起手来，共同营造美好的幸福生活！

编　者

2014年3月8日

目录

写给农村姐妹们的知心话

导读

第一章 亲子教育

1. 怎样培养一个心理阳光的孩子？/ 1

2. 如何塑造孩子的好性格？/ 2

3. 如何培养孩子的自信？/ 3

4. 如何培养孩子的独立性？/ 4

5. 如何教育孩子与同学和睦相处？/ 5

6. 如何有效地批评孩子？/ 6

7. 打骂对孩子有影响吗？/ 7

8. 孩子做错事如何惩罚？/ 8

9. 如何正确表扬孩子？/ 9

10. 如何适度宠爱孩子？/ 10

11. 孩子说谎咋办？/ 11

12. 孩子不爱学习咋办？/ 12

13. 孩子不去上学咋办？/ 13

14. 考得好就给物质奖励对吗？/ 14

15. 孩子好强、任性咋办？ / 15

16. 孩子跟同学吵架/打架咋办？ / 16

17. 家长的什么话可能会隐性伤害到孩子？ / 17

18. 青春期一定逆反吗？ / 18

19. 如何对待青春期孩子逆反？ / 19

20. 青春期孩子性教育措施有哪些？ / 20

21. 留守儿童容易出现哪些心理问题？ / 21

22. 怎样促进留守儿童心理健康发展？ / 22

23. 父母离婚对孩子有什么影响？ / 23

24. 单亲家庭孩子如何教育？ / 24

25. 家长的哪些习惯会潜移默化地影响孩子？ / 25

第二章

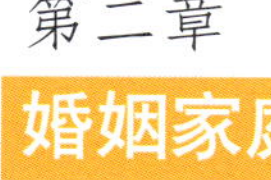

26. 如何看待干得好不如嫁得好？ / 27

27. 如何选择合适的恋爱对象？ / 28

28. 如何维护幸福的婚姻？ / 29

29. 如何做一个好妻子？ / 30

30. 如何做一个好儿媳？ / 31

31. 怎样面对长辈重男轻女的观念？ / 32

32. 婚姻中哪些情绪要不得？ / 33

33. 两地分居应注意什么？ / 34

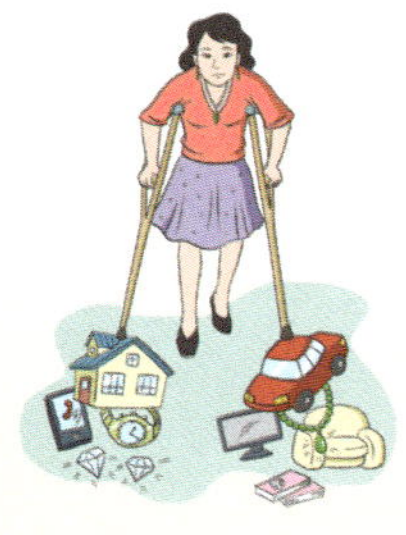

34. 丈夫出轨怎么办？ / 35

35. 如何处理家庭矛盾？ / 36

36. 女性如何避免家庭暴力？ / 37

37. 女性受暴后会经历哪些心理阶段？ / 38

38. 如何面对父母再婚？ / 39

39. 婚姻面临解体怎么办？ / 40

40. 当婚姻走到尽头，谁受伤？ / 41

41. 离婚后如何与前夫相处？ / 42

42. 如何平衡好“娘家”和“婆家”的关系？ / 43

43. 什么是幸福家庭必备的基本要素？ / 44

44. 如何改善姑嫂关系？ / 45

45. 人到老年有哪些心理状态？ / 46

46. 祖孙关系如何处理？ / 47

47. 顺从就是孝吗？ / 48

48. 如何尽孝？ / 49

49. 如何关怀老年人？ / 50

第三章 情绪管理

50. 人一般会有哪些情绪？ / 51

51. 情绪和行为有关系吗？ / 52

52. 如何保持平和的心态？ / 53

53. 笑有什么好处？ / 54

54. 哪些方法有利于发泄坏心情？ / 54

55. 经期如何拥有好心情？ / 56

56. 如何克制冲动？ / 58

57. 遭遇不公平怎么办？ / 59

58. 可以抱怨吗？ / 60

59. 哪些食物有助于缓解愤怒情绪？ / 60

60. 哪些颜色有助于心情平静？ / 62

61. 如何保持积极的心态？ / 63

62. 我是抑郁症吗？ / 64

63. 遇到事情必须要忍耐吗？ / 65

64. 如何面对长辈的责骂？ / 66

第四章

人际关系

65. 怎样才能有好人缘？ / 67

66. 怎样才能有幽默感？ / 68

67. 不善与人交往怎么办？ / 69

68. 微笑能改变人缘吗？ / 70

69. 如何赞美别人？ / 71

70. 朋友相处一定要让着对方吗？ / 72

71. 我可以拒绝别人的要求吗？ / 73

72. 如何道歉？/ 74

73. 遭遇不幸或处于逆境的人需要安慰吗？/ 75

74. 如何表达不同意见？/ 76

75. 与人打交道需要处处讨好别人吗?77

76. 怎样化解邻里矛盾？/ 78

77. 人际交往中应注意哪些原则？/ 79

78. 宽容别人对自己有什么好处吗？/ 79

79. 什么是换位思考？/ 80

80. 人际交往有哪些技巧？/ 80

81. 什么是恰当的人际距离？/ 82

82. 与人沟通如何学会倾听？/ 83

83. 什么样的心理状态阻碍人际交往？/ 84

第五章 **自我关爱**

84. 什么是“爱自己”？/ 86

85. 如何分清人生事，过幸福日子？/ 87

86. 世界上什么是你的？/ 88

87. 如何才能活得更自在？/ 88

88. 如何自我安慰？/ 90

89. 如何接纳不完美的自己？/ 91

90. 关爱自己就是尽情欢乐吗？/ 92

第六章 心理健康知识

91. 适当哭泣有助于女性身心排毒吗？/ 93
92. 如何保持一颗年轻的心？/ 94
93. 心理健康的标准是什么？/ 95
94. 心理健康的人就是没有痛苦和烦恼吗？/ 96
95. 哪些女性心理健康容易出现问题？/ 97
96. 有心理问题就是精神病吗？/ 99
97. 精神病与神经病一样吗？/ 100
98. 精神病与神经症一样吗？/ 101
99. 有心理问题需要吃药吗？/ 102
100. 什么是心理咨询？/ 103
101. 出现什么问题适合做心理咨询？/ 104
102. 患精神疾病的人容易出现什么症状？/ 105
附件：心理测试部分——情绪稳定性测试 / 107

第一章　亲子教育

1. 怎样培养一个心理阳光的孩子？

答案

在沙漠里赶路，看到背包里只有半瓶水了，然后想：我还有半瓶水，真好，然后大踏步往前走，这就是阳光心态。心态好，能力增强；心态不好，能力减弱。心态就具有这么大的力量，从里到外影响着你。

（1）帮助孩子树立积极的价值观。父母以身作则，遇到事情时，保持积极的态度。

（2）教育孩子改变对困境的态度。当孩子遭遇困境或挫折时，孩子对困境或挫折的态度比结果更重要。即使失败了，孩子认为困境是为了锻炼自己，也会变得积极，收获颇丰。

（3）培养孩子的独立性。独立性强的孩子更有自信，才不会受别人评判的影响，能保持自我的完整。

（4）让孩子帮助他人。帮助他人能给孩子带来价值感，感觉到自己被需要，体验到愉悦。

2. 如何塑造孩子的好性格?

答案

性格是一个人稳定的个性特征，通过孩子的行为表现出来。性格不是天生的，它的发展和形成是由后天的生活、教育和实践决定的。性格有一定的稳定性，又有一定的可塑性。

(1) 尊重孩子的天性。孩子有先天的个性，必须尊重，在此基础上培养孩子独特的性格。

(2) 提供良好的成长环境。父母对孩子的教育要求要保持一致，并提供良好的行为示范。

(3) 关爱孩子要适度。合理满足孩子的需求，不要溺爱。

(4) 培养孩子的自尊自信。发现孩子的长处，对孩子给予积极评价，不断激发孩子的潜力。

(5) 培养孩子良好的人际交往能力。培养孩子从小就学会尊重长辈，关心别人，忍让他人，能跟他人合作的能力。

千万不要拔苗助长

3. 如何培养孩子的自信？

答案

很难想象一个缺乏自信的人能够真正做成什么事情。一个缺乏自信、充满自卑的孩子，即使脑子很聪明，反应很灵敏，在学习中稍遇困难和挫折也会发生问题。那怎么做有利于培养孩子的自信呢？

（1）多赏识少打击。成人的评价对孩子的自信至关重要。孩子越小，成人的评价越重要。成人对孩子信任、尊重、承认，经常鼓励孩子，孩子就会看到自己的长处，肯定自己的进步，认为自己真的很棒。反之，经常受到成人的否定、轻视、怀疑，经常听到“你真笨、你不行、你不会”等负性的评价，孩子就会越自卑，以为自己很差。

（2）让孩子体验成功的喜悦。让孩子做一些力所能及的事情，比如摆碗、盛饭、扫地等，或者在其他人的帮助下做一些稍微有些难度的事情，一旦他做到就给予表扬，让孩子体验到成功的喜悦，产生积极愉快的情绪体验，树立他的自信。培养孩子的自信要从一点一滴做起，正确认识孩子的优点和缺点，创设良好的机会和条件让孩子尝试发现自己的力量，发展他的各种能力。

（3）重视与保护孩子的自尊心。自尊心高的孩子更愿意积极参加各种活动，自尊心低的孩子则不愿参加集体活动。作为家长，切忌用尖刻的语言讽刺挖苦孩子，在别人面前惩罚孩子或不尊重孩子，要特别注意保护孩子的自尊心，帮助孩子培养自尊感，树立坚定的自信心。

4. 如何培养孩子的独立性?

答案

（1）放手让孩子做力所能及的事情。凡是孩子自己能做的应该让他自己做，不要替代。从培养孩子日常生活的初步自理能力开始，如让他自己收拾玩具、自己准备书包等，培养孩子的独立能力。

（2）创造机会培养孩子做决定的能力。孩子对人对事有自己的认识，一些简单的事情可以让孩子自己拿主意，比如穿什么衣服，选择什么玩具。随着孩子年龄的增长，让孩子做决定的事情可以逐步放宽。

（3）合理引导孩子。由于年龄、经验所限，孩子还需要帮助和合理引导，对他们的选择要有适当的限制，不能完全放手。例如，带孩子出去买东西，你可以把选择好的两件东西给他看，然后要求他根据质量和价格作出最后的抉择。

5. 如何教育孩子与同学和睦相处？

孩子能否与同学和睦相处，直接关系孩子的学习成绩和快乐指数。资料表明，许多孩子出现厌学等情况，跟同学关系不好有千丝万缕的关系。所以，教孩子学会如何与同学相处非常重要。

（1）帮助孩子克服自我中心性，学会站在同学的角度思考问题，为同学着想，教孩子学会欣赏他人，培养孩子与他人团结合作的能力。

（2）传授孩子与人相处之道。孩子在跟同学交往的过程中非常希望得到同学的支持和认同，反过来，其他孩子也一样，所以父母应当教育孩子，当别人对自己表示友好的时候，一定要对对方的友好表示回应，在同学需要帮助的时候，要积极伸出援助之手。

（3）正确的行为示范。家长与他人的相处模式是孩子与他人相处的榜样，所以家长要注意自己跟他人交往时的一言一行。

6. 如何有效地批评孩子？

答案

当孩子犯错时，批评作为一种教育手段，就是要让孩子能够知道错误的原因，以后能够避免或改正，然而，有时你说得口干舌燥，可孩子却一副事不关己的样子，怎样才能使批评有效呢？

（1）批评目的要明确，让孩子知道哪里错了。

（2）就事论事，不要东扯西拉翻旧账，唠叨个不停。

（3）保持冷静，随时观察孩子的情绪变化，在孩子想听、肯听、愿意听的时候进行批评，效果最好。

（4）提出具体的、有针对性的改进措施，让孩子知道以后应该怎么改进。

7. 打骂对孩子有影响吗？

答案

我国一直奉行“棍棒之下出孝子”的教育模式，打骂孩子成了常事。当孩子做错事时，打骂一通，方法简单，效果明显。然而，许多家长不知道，打骂孩子大大增加了孩子患心理疾病的危险。心理学研究发现，父母经常打骂孩子，会造成孩子缺乏安全感，不懂得自尊、自爱，自卑、脾气暴躁，易出现早恋、逆反、退缩、攻击等行为。有的父母出于一时冲动，甚至会打伤或打死孩子，造成不良的后果。所以，打骂孩子是错误的教育方式。

经常打骂孩子，会给孩子造成很多不良影响

8. 孩子做错事如何惩罚？

答案

在教育孩子的过程中，需要适度的惩罚，一味的赏识教育是不可取的。但惩罚不等于体罚，且惩罚的目的不是让孩子害怕，不是让孩子感觉到难堪自卑，而是让孩子学会为自己的行为和过失负责。惩罚的手段很多，它可能是一句话、一个脸色或者是一个手势，达到让孩子知道此行为不可取即可。此外，适当的惩罚可以让孩子学会承受挫折。因为，没有惩罚的人生是没有的，不能正确对待惩罚的人生也是不健全的。

9. 如何正确表扬孩子？

答案

孩子的成长需要家长的认可，然而，表扬孩子也需要一定的技巧，否则可能会适得其反。

（1）表扬方式要适合孩子的年龄。如对年龄很小的孩子可以通过一个吻、一个拥抱或其他的身体接触进行表扬，而对大一点的孩子使用的方式则要含蓄一些，如竖大拇指、点头。

（2）表扬要及时。对应表扬的行为要及时表扬，否则孩子会弄不清楚为什么受到了表扬，更无法强化好的行为了。

（3）表扬要具体。表扬得越具体，孩子越容易明白自己哪些行为是好的，越容易找准努力的方向。例如，孩子在玩了玩具后放回原处，家长说：“你把玩具收拾的这么整齐我真高兴。”

（4）表扬频率要适当。表扬不宜太频繁，太频繁了会造成孩子接受能力弱，只能接受表扬，不能接受批评。

（5）表扬重在看过程而不是结果。如孩子帮助家长擦桌子的时候不小心打碎了杯子，还是要表扬，但要告诉他如何改进。

10. 如何适度宠爱孩子？

答案

一个孩子周围常围着一堆成人照顾，父母、姥姥姥爷、爷爷奶奶，这在中国已经成了司空见惯的现象。当代中国的家庭结构模式一般是三个家庭一个孩子，所以宠爱孩子也就成了人之常情，但过度宠爱会使孩子丧失辨别是非的能力，心灵变得扭曲，什么事都由着自己的性子来，将来一旦出现问题就不可收拾；过度宠爱会使孩子变得无能，遇事慌乱，不能正确解决；过度宠爱会使孩子太过依赖，即使到了成家立业的年龄，依然离不开家人的关怀，不能独立生存。所以“惯子如杀子”，宠爱孩子要适度，过分宠爱要不得。

过分宠爱要不得

（1）不要过分关注。过分关注有时就会过分控制，会给孩子造成一种无形的压力，加重孩子的焦虑。

（2）不要太过迁就。对孩子的要求不能无限制满足，对孩子的行为要有一定的规则限制。

（3）不要事事包办。让孩子做些力所能及的事情，才能培养孩子的独立性和自主性。

11. 孩子说谎咋办？

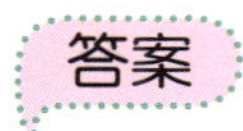

童童在学校撕了小朋友的故事书，回家却坚决否认，气的爸爸给了他一巴掌。孩子说谎父母都很着急，觉得孩子道德品质出了问题，不知道该怎么办。其实，说谎在人的成长过程中是不可避免的，但如果孩子习惯性地说谎就成问题了。所以，正确对待孩子的说谎非常重要。当孩子说谎时：

（1）要澄清孩子的谎言。辨别孩子的谎言是真的说谎，还只是孩子的想象。如果只是孩子的想象，则要帮助孩子分辨什么是现实、什么是幻想，进行正确的指导。

（2）要了解孩子说谎的动机。孩子说谎的动机，一可能是为了免受惩罚而说谎；二可能是为了讨家长的欢心，不让家长生气。

（3）采用正确的态度和方法。对于说谎的孩子，威胁或强迫他承认都不是正确的方法，家长首先要保持冷静，严肃地与孩子谈谈。当孩子承认错误以后，要对孩子的诚实进行赞扬。

所以，面对孩子的说谎，要去分析、研究，找出孩子说谎的原因，对症下药，进行正确的引导和教育。

12. 孩子不爱学习咋办？

（1）培养孩子的学习兴趣。有些孩子不爱学习，是因为对学习没兴趣。家长和老师要经常跟孩子谈心，谈理想，谈学习的重要性，帮助他们树立正确的人生观和价值观，激发他们的学习兴趣。

（2）提升孩子的学习动力。家长要摈弃读书无用论的思想，通过奖励、肯定或者讲一些励志故事等手段，提升孩子的学习动力。

（3）培养孩子对学习的自信。那些成绩不好的学生，常常被家长批评和忽视，于是觉得自己笨，不是学习的材料，从而放弃了努力。家长要用平常心对待孩子的学习成绩，善于鼓励孩子，让孩子知道努力迟早会有成效。当孩子的学习成绩提高后，家长要及时表扬，不断增强他们的自信心和成就感。

（4）帮助孩子克服学习上的困难。有些孩子的确存在学习困难，总是找不到好的学习方法，需要家长或其他人帮助孩子找到良好的学习方法，克服学习困难。

13. 孩子不去上学咋办？

当孩子某一天突然不想去上学时，家长常常莫名其妙，其实冰冻三尺非一日之寒，孩子不去上学有许多诱发因素：

（1）学习压力大；

（2）家庭有矛盾；

（3）跟老师和同学的关系出现问题；

（4）从小对孩子的教育缺乏原则，有点小事就请假；

（5）某些特殊事件导致，如被老师批评。有些孩子甚至出现身体症状，恶心、呕吐、头痛、腹痛、身体无力等。

当孩子突然不想去上学时，家长首先要保持冷静，跟孩子积极沟通，倾听孩子的心声，接纳孩子的情绪，了解孩子不上学的原因，然后对症解决问题，并鼓励孩子相信自己能克服困难，切不可随意惩罚。

14. 考得好就给物质奖励对吗?

答案

为了刺激孩子好好学习，当孩子取得好成绩时父母常常进行物质奖励，如给予玩具、食物等。物质奖励固然可以强化一些良性行为，但又可能使孩子只对奖品感兴趣，而对被奖行为本身失去兴趣。那是不是不能对孩子进行物质奖励呢？不，对于4、5岁以下的孩子来说，物质奖励必不可少且非常有效，但物质奖励要适当，比如可以买书籍、玩具、学习用品，且不能一味满足孩子的物质需求。对于6、7岁以上的孩子来说，精神奖励则要好于物质奖励，如口头表扬、肯定、鼓励、小红花、奖状等。

对于4、5岁以下的孩子物质奖励必不可少

对于6、7岁以上的孩子则应注重精神奖励

15. 孩子好强、任性咋办？

答案

小强在幼儿园总是抢夺小朋友的玩具，如果小朋友不同意，就会故意丢弃或摔打小朋友的玩具，直到达到目的为止，父母和老师头疼不已。小强的行为是任性的表现，主要是由于家长的迁就、没有原则造成的。为避免孩子任性，家长应该：

（1）对孩子有合理的约束。家长对孩子的需求满足应有一定的限度，并要求孩子遵守，超过限度就不能满足。

（2）保持教育的一致性，家长之间要一致。在孩子的教育问题上，许多家长主张一个唱红一个唱白，甚至双方在教育原则上还会产生矛盾，这样常常让夹在中间的孩子无所适从，不知道什么是对什么是错，所以家长之间要达成共识，保持教育的一致性。

（3）不要迁就孩子的无礼行为。当孩子因为达不到某样目标而出现无礼行为时，家长不能屈从。比如，为了买某个玩具而躺在地上哭闹的孩子，家长可以任凭他哭闹，直到他停止为止，然后给他讲道理。

16. 孩子跟同学吵架/打架咋办？

答案

孩子们之间出现争执是常有的事，有时候两个人会为了一件小事动嘴或动手，吵得或打得不可开交，甚至会把同伴打伤。孩子出现这样的行为，主要是因为他很生气，不能控制自己，且找不到合理解决问题的方法导致。为避免孩子跟人打架，家长要：

（1）培养孩子的爱和宽容。要让孩子学会能站在别人的角度思考问题，对人多一些体察和同情，不要对人太过刻薄。

（2）培养孩子解决问题的能力。当孩子遇到冲突时，家长要引导孩子学会用多种方法理智解决问题，而不是一味指责批评。当孩子学会如何处理冲突，就不会动不动就动嘴、动手了。

（3）培养孩子情绪管理的能力。首先，家长要引导孩子遇事不要冲动，保持冷静；其次，让孩子学会用适当的方法表达自己的情绪；最后，要耐心疏导孩子，合理宣泄情绪。

17. 家长的什么话可能会隐性伤害到孩子？

答案

成功的家教跟父母对孩子说话的方式、说话的内容息息相关。比如父母常用信任、尊重、赞赏的语气跟孩子讲话，孩子就会自信、自尊、自强。相反，父母时常语出伤人，即使过后安慰道歉，也难以抚平孩子的伤痛。特别是对于那些幼小的孩子来说，言语的不慎很可能会隐性伤害到孩子。所以，父母要警惕五句话：

（1）“你要听话，妈妈才爱你。”

大多数家长在教育孩子时经常这样说，他们对孩子的爱附加了条件。殊不知，孩子需要的是父母无条件的爱，这样孩子才能建立起安全感和自信，而不是学会取悦他人。

（2）“你咋就跟人家不一样呢？”

总拿自己的孩子跟人家比，不仅会伤害孩子的追求个性的心理，还会破坏孩子们之间的友谊。

（3）“别整天琢磨那些没用的。”

丰富的想象力和创造力是孩子快乐的资本，当家长约束孩子这些行为时，不仅扼杀了他们的天性，也会伤害了自信心，让孩子的生活失去乐趣。

（4）“少管别人的闲事。”

现代社会，“冷漠”像传染病一样快速传播着，但这种冷漠的意识却很容易影响到孩子幼小的心灵，使他们缺乏安全感。

(5)“养你有什么用。”

家长这么说，会让孩子觉得自己被抛弃，对未来充满恐惧感。

18. 青春期一定逆反吗？

答案

青春期逆反是青少年成长过程中不可避免的表现。

孩子一进门就把自己关在小房间里、动不动就跟父母顶撞、对某些事件的言论非常偏激等等，遇到这种情况，大多数家长都会摇头叹息：“我家这孩子进入青春逆反期了。”此种情况严重的孩子还动不动就厌学退学、离家出走、打架斗殴。

不错，处于青春期的孩子神经与内分泌系统处在剧烈变化阶段，人容易急躁、发火，往往控制不了自己的情绪。他们对父母的教育采取对立的态度，“不服管教”“顶牛”，他们的做法往

往与常理背道而驰。他们喜欢以反常的行为来显示自己的“聪明”，过分张扬自己的个性。逆反心理是一种普遍的社会心理现象，这种现象过去有，现在有，将来还会出现，可以说它是青少年成长过程中不可避免的，是孩子在成长的表现，所以家长要科学正确引导，多关心、多理解、多宽容孩子，千万不能硬碰硬，以帮助孩子安然度过青春期。

19. 如何对待青春期孩子逆反？

家长对孩子青春期逆反心理要有正确的认识，对待青少年中消极的逆反心理应注意分析原因，然后进行矫正和教育。如果对孩子并不成熟的个性和主见不加约束的话，难保他们不会出现行为偏差甚至滑向歧途。

（1）多跟孩子交流。家长不要滥用权威，要多跟孩子沟通，了解他们的内心，重视他们的想法。

（2）尊重他们的自我。随着青少年身体体重的增长，他们有强烈的自我意识，家长要将孩子放在一个真正平等的位置上对待，不要一味命令孩子。

（3）正确引导。青春期的孩子并未定型，心理脆弱，常常多变，非常需要关怀和引导，帮助他们明白是非。

（4）适当放手。严厉管制会使青春期的孩子更加对抗，家长要学会适当放手，让孩子学会为自己负责，学会自制，在体验中成长。

20. 青春期孩子性教育措施有哪些？

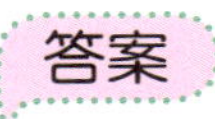

女孩从11岁左右进入青春期，男孩从13岁左右进入青春期。进入青春期后，身体发生急剧变化，第二性特征开始出现，男孩开始遗精，女孩开始来月经，异性之间开始相互吸引。面对青春期的变化，有些孩子不知所以，不懂得如何保护自己，因此对青春期孩子的性教育必不可少。

（1）让孩子了解青春期性知识，正确认识身体的变化。

（2）正确处理性冲动，遵守道德规范和法律法规。

（3）懂得自我保护，避免人为伤害。

21. 留守儿童容易出现哪些心理问题？

答案

“留守儿童”自幼远离父母，大多由祖父母辈监护抚养，甚至被托管给其他亲属照顾，缺乏良好的亲情教育，缺乏监管，便养成了一些不良的生活习惯，最后导致出现一系列的心理问题。留守儿童主要存在如下心理问题：

（1）性格孤僻。与父母长期分开，家庭环境的不稳定使他们缺乏安全感和归属感，缺乏感情依靠，从而带来较强的孤独感。长期的寡言、沉默、焦虑和紧张，极易使这些孩子形成孤僻、自卑、封闭的心理。

（2）自控力差。留守儿童自控力较差，容易情绪失控和冲动，容易对周围人产生戒备和敌对心理，严重者往往还有暴力倾向。

（3）学习心态不良。他们多数进取心不强，再加上没有人引导他们的学习，他们在学习方面常常困难重重，学习成绩自然不好，容易导致逃学、辍学的情况。

（4）人际关系差。由于性格孤僻，不合群，这直接影响了他们的人际关系。他们不愿跟同学一起玩耍，喜欢独来独往。

22. 怎样促进留守儿童心理健康发展？

答案

（1）促进建立良好的亲子关系。良好的亲子关系能促进儿童身心健康发展，相反，则阻碍其发展。“留守儿童”最缺乏的是父母的关爱和呵护，为了让“留守儿童”像其他儿童一样健康快乐地成长，应加强父母与子女的沟通，搭建他们能够见面的桥梁，建立良好的亲子关系。

（2）提高监护人的管理素质。监护人要能够及时地发现孩子的不良行为，给予及时的教育与引导，使其朝着正确的方向发展；要关注他们的心理，打开他们的心扉，培养他们积极的学习态度。

（3）加强学校教育。学校要重视留守儿童的问题，提供良好的学校环境，帮助他们建立良好的同伴关系，教师要注重身教多于言教，给他们提供一个

良好的榜样，激发他们的上进心，引导他们的身心健康发展。

（4）引起社会关注。留守儿童问题是由社会产业结构的变化引起的，应该引起全社会的关注。

23. 父母离婚对孩子有什么影响？

答案

父母离婚后，家变得不再完整，孩子跟随一方，或者由第三方抚养，关爱的缺乏，容易导致孩子心理畸形，使孩子变得孤僻、偏激、仇视他人，易对社会造成危害。特别是有些父母在离婚后，让孩子变成了孤儿，谁也不管孩子。所以，父母离异，对孩子的不利影响是毋庸置疑的。

但是当婚姻关系实在无法维持时，不离婚孩子仍然会受到伤害。有些夫妻，离婚前大打出手，但离异后，却能心平气和地一起讨论孩子的问题，反倒给孩子创造了一个安宁的环境。所以，父母离婚是否会伤害孩子，还要看父母是什么样的人，怎么对待离婚这件事，怎么处理离婚后孩子的抚养问题。如果处理得当，离婚的双方能够理性相处，依然关心孩子，孩子依然可以健康成长。

24. 单亲家庭孩子如何教育？

答案

随着家庭、社会结构的多元，家庭可能因为各种原因而成为单亲，如离婚、配偶死亡等，单亲家庭孩子的心理成长及教育等一系列问题，现已成为社会和心理学家关注的问题。单亲家庭孩子的教育应该做到：

（1）鼓励孩子勇敢地面对父母离异的现实，坦然接受现状。父母离婚对孩子最大的打击就是失去安全感。所以，让孩子知道，虽然父母离婚了，但他永远不会失去父母对他的爱。

（2）不能太过溺爱，也不能迁怒孩子。不要把对对方的怨恨迁移到孩子身上，把孩子作为报复对方的工具。如果把仇恨强加给孩子，不仅会给孩子带来很大的心理压力，还会使孩子长大后

失去爱心。

（3）保持孩子的独立性。单亲家庭中的两代人之间往往相依为命，在情感上非常亲密，但过分的情感依赖容易产生负面效应，使孩子从小就养成衣来伸手、饭来张口的习惯，不能独立。所以，不要把孩子当成唯一生活支柱，让孩子有自己独立的心理意识，培养他们独立的能力。

（4）不要对孩子期望太高。在丧偶或离异之后，许多家长把自己全部的希望都寄托在孩子身上，要求孩子处处出人头地，特别是在学业上，势必导致孩子心理负担过重。

（5）注意孩子性别角色定位。没有父亲的男孩或没有母亲的女孩，在性别角色的学习中缺乏最直接的模仿榜样，从而导致行为出现偏差，男孩女性化，女孩男性化，要有意识让孩子的性别角色得到充分的表现和发展。

25. 家长的哪些习惯会潜移默化地影响孩子？

答案

对孩子期望太高；贬损孩子；拿自己的孩子跟人家的比较；不相信孩子；担心孩子；坏的预言；有条件地给予孩子爱和满足；限制孩子做想做的事；不停唠叨；代替孩子做选择，这些坏习惯都会毁掉孩子。

相反，家长的一些好习惯却可以培育出优秀的孩子：与孩子一起学习与成长；无条件的爱与严格要求相结合；言教、身教、心教相结合；善于发现孩子的优点并赞扬孩子；不包办，让孩子自己动手；给孩子适当的自由；让孩子承担一定的责任。

坏 习 惯

对孩子期望太高；贬损孩子；
拿自己的孩子跟人家的比较；
不相信孩子；
坏的预言；
有条件地给予孩子爱和满足；
限制孩子做想做的事；
不停唠叨；
代替孩子做选择。

好 习 惯

与孩子一起学习与成长；
无条件的爱与严格要求相结合；
言教、身教、心教相结合；
善于发现孩子的优点并赞扬孩子；
不包办，让孩子自己动手；
给孩子适当的自由；
让孩子承担一定的责任。

第二章　婚姻家庭

26. 如何看待干得好不如嫁得好？

答案

女人，想嫁一个有能力、有财富的男人本是无可厚非的，但如果一个女人单纯地想靠嫁人改变生活，就得想想自己有什么本事嫁得好。靠美貌？美貌不再的时候怎么办？如果真的嫁了一个好男人，完全依附这个男人，万一这个男人哪天不在了怎么办？所以，女人嫁得好一时未必能一世，干得好不如嫁得好这种说法是错误的。

女人是一个独立的个体，不能靠依附他人生活，把自己的命运附加在他人的身上，要自己撑起自己的天空，所以嫁得好不如干得好才是正道。

27. 如何选择合适的恋爱对象?

答案

爱情在人们的生活中占据着重要的位置,是关乎幸福的人生大事。进入恋爱的两个人在心理上需要具备五点:浪漫、接纳、关爱、爱情价值观和激情。

浪漫是指恋爱中有关浪漫的感觉、想法和行为以及对爱情的承诺,比如想一起去做一些浪漫的事情。

接纳是指爱人之间相互交流、彼此支持、信任和认同。

关爱是指处于恋爱的双方互相关心、互相支持、彼此珍惜。

爱情价值观是爱情理性的一面,是指处于恋爱的双方对爱情的价值观,比如对家庭关系、家庭环境的看法。

激情是指与对方身体的亲密接触以及愉悦的感受,个人外表的和内在的魅力是影响激情的重要因素。

这五点与男女选择合适的恋爱对象密切相关,但如果过于执着,要求每方面都要匹配,则会影响恋爱,贻误人生。所以,要在五点中,选择自己最需要、最匹配的。

28. 如何维护幸福的婚姻？

答案

彼此尊重、彼此欣赏是夫妻相处的最高境界。那如何维护幸福的婚姻呢？

（1）接受夫妻的差异。夫妻来自不同的家庭，有着不同的生活方式和生活理念，会面临各种各样的冲突。不要试图把对方打造成自己想要的样子，给对方一定的空间和自由，接受差异。

（2）承担自己对婚姻的责任。对婚姻的不满不仅仅是配偶的责任，自己也有。比如有些丈夫觉得妻子太啰唆，逃避回家，这时作为妻子的你不妨扪心自问，自己为啥啰唆，怎样才能不啰唆。

（3）包容对方的缺点。女性常对婚姻寄予太高的期望，因而对丈夫横挑鼻子竖挑眼。要使婚姻幸福，就要包容丈夫，容忍丈夫的瑕疵，客观看待丈夫的优缺点。

（4）坦然解决矛盾。当夫妻之间出现矛盾时，不要逃避，逃避并不能解决任何问题，反而会让问题不断积累，总有一天会爆发。所以要静下心来，充分沟通，向对方表达自己的想法，以及希望从对方那里得到的支持，最后达成一致意见。

29. 如何做一个好妻子？

答案

一个家庭是否安乐、幸福，妻子的作用是非常重要的。家有贤妻，定能助夫成德，家庭美满。做一个好妻子，要做到：

（1）善解人意。站在丈夫的角度看待问题，理解对方的需求并合理满足对方的需求。

（2）品行善良。不做损害家庭利益的事情，也不做损人利己的事情，并帮助那些需要帮助的亲戚或邻居。

（3）孝顺父母。百善孝为先，不仅要孝顺自己的父母，还要孝顺公公婆婆。

（4）关爱家人。关爱不只是提供衣服和食物，还要关爱家人的情绪，给予家人情感支持。

（5）欣赏丈夫。常用欣赏的眼光看自己的丈夫，就不会认为别人的丈夫好了，如果你当面、背后都只说丈夫的优点，那么，你就等于学会了爱，并能收获到爱。

30. 如何做一个好儿媳？

答案

婆媳关系自古以来就很复杂，随着女性独立意识的增强，婆媳之间的矛盾也更加升级。婆媳之间有矛盾，夹在中间的那个男人就很难过好日子，所以，为了丈夫，也为了家庭和睦，女性要努力做一个好儿媳。

（1）尊重婆婆。婆婆也许思想守旧，但姜还是老的辣，遇事要多听听婆婆的建议。只要不是什么原则问题，就尽可能满足老人的心意。

（2）关心婆婆。帮助婆婆干些家务，逢年过节，或遇婆婆生日，给婆婆准备点礼物，代表自己的心意，人心都是肉长的呀。

（3）对事不对人。如果出现婆媳矛盾，要对事不对人，就事论事，不指桑骂槐，尽可能体谅老人。

31. 怎样面对长辈重男轻女的观念？

答案

男女本应想有同等权利，但重男轻女传统陋习依然存在一些人心中，特别是在一些农村地区仍相当严重地存在着。如果你的长辈重男轻女你怎么办？

人们重男轻女的原因主要有三点：一是功利性重男轻女，认为男孩是劳动力，养育男孩能养儿防老；二是情结性重男轻女，包括面子性重男轻女和存在意义性重男轻女。一些长辈重男轻女是为了面子，觉得只有生了男孩，家族才不会被人看不起；一些长辈重男轻女是因为觉得只有男孩才能延续香火。所以，改变长辈重男轻女的观念，首先要从思想上解决封建思想残留的问题；其次，要努力提高生活水平，依赖国家政策解决老人养老问题，让亲子关系变成接力性关系；最后，努力说服长辈，如果不能，也不要就此翻脸，我们不能改变别人的看法，但可以改变自己的态度。

32. 婚姻中哪些情绪要不得？

经验告诉我们，婚外恋的受害者如能及早发现危险的迹象，大多能在事情发生前采取预防措施。如果你的婚姻里也出现这三种情绪，那么不管你的配偶是否事实上有了外遇，你们的关系已经开始恶化了。

（1）孤独。如果婚姻中缺少了亲密的感情，或是找不到人与之分担生活中的大大小小的事情，孤独感便会油然而生。这种孤独感恰恰是造成婚外恋的主要因素。

（2）单调。结婚几年后热情开始冷却，生活陷入固定模式，太过单调，当遇到外来刺激时，就会经不起诱惑。

（3）缺乏交流。夫妻关系的建立和维持是通过思想感情的交流来实现的，而性生活则是感情交流最主要的一种亲密方式。

33. 两地分居应注意什么？

答案

由于社会流动性的增强，长年在外工作的人群越来越多，对于农村妇女来说，遇到的最大的问题就是，为了生活，丈夫外出打工造成长期的两地分居。中国农业大学一项研究显示，全国有8 700万农村留守人口，其中有4 700万留守妇女。与丈夫一同去打工，孩子没人看管，怕荒废了孩子的未来和前程；在家管教孩子，伺俸公婆，又不能和丈夫在一起享受夫妻生活。夫妻长期两地分居，缺乏思想沟通以及性交流，造成感情疏远，久而久之出现情绪烦躁而焦虑，婚姻难以维持。在解决两地分居的问题上，农村妇女一要树立主体意识，自尊、自信、自立、自强；二要尽早尽量一起出去打工，解决两地分居问题；三要加大社会扶持力度，给予她们更多的人文关怀，实现她们的自身价值。

34. 丈夫出轨怎么办？

现代人面临的外界诱惑较多，再加上性观念淡薄等原因，发生婚外情的可能性较大。当丈夫出轨后怎么办？

（1）不要和丈夫大吵大闹。一个人一旦变了心，就很难再回头，这是人的本性。所以，大吵大闹只能加速他离开你的脚步，你哭得越惨、吵得越凶、闹得越大，他就走得越远。

（2）确认双方的感情。你需要静下心来，审视你对这个男人的感情，然后考虑是否能给对方改正的机会。你也需要确认丈夫的感情，跟丈夫平静沟通，了解对方是否能回头。

（3）处理出轨造成的创伤。出轨破坏了夫妻的信任，如果丈夫肯回头，许多女性会神经紧张，总担心丈夫再次出轨，这个时候最重要的是做到爱和宽容。

35. 如何处理家庭矛盾？

答案

有家庭就一定有矛盾，但家庭是个情大于理的地方，一味讲理就会出现公说公有理，婆说婆有理的局面。出现家庭矛盾时，应该：

（1）首先明确矛盾是什么。有些家庭吵成了一锅粥，最后却发现根本不存在不可调和的矛盾。

（2）找到矛盾产生的原因。站在双方的角度考虑问题，了解自己的需求，并试着理解对方的需求，发现矛盾产生的原因。

（3）有效解决冲突。列出解决问题的各种方式，然后从中选出最妥当的、双方都能接受的方式，坦诚沟通，亲情为先，妥善解决问题。

36. 女性如何避免家庭暴力？

答案

家暴，是指发生在家庭成员之间的，以殴打、捆绑、禁闭、残害或其他手段对家庭成员从身体、精神、性等方面进行伤害和摧残的行为。家暴之痛，绝不仅仅受罪于身，心灵上的伤害和阴影可能伴随受害者一生。女性要想免遭家暴，最重要的是要做到以下几点：

（1）识别对方的情绪。了解对方的情绪发展规律，知道对方什么情况下可能会发脾气，在对方情绪暴躁的时候，要善于保护自己，不要急着追究谁对谁错，化解危机，预防家暴。

（2）有策略对待第一次家暴。制止家庭暴力的关键往往在于“第一次”。只要遇到家庭暴力，就要以最大的反抗进行回应，促使对方深切地反省，而不是容忍。

（3）女性要自立自爱和自强。软弱，不自立自爱和自强的女性，在精神上不够独立，过分依赖，会使自己在婚姻中处于弱势而使对方有恃无恐。

（4）避免语言暴力。有些暴力是因为妻子的过度贬损丈夫而引发的。夫妻双方的尊重和理解必须是基本对等的，挖苦讽刺或谩骂侮辱，这些语言上的暴力很可能成为诱发其肢体暴力的直接导火索。

（5）要善于利用法律武器。当家暴危及生命时，要果断拿起法律武器，没有什么比你的生命更重要。

37. 女性受暴后会经历哪些心理阶段?

答案

女性从第一次受暴，到向外界求助，一般要经历以下四个阶段：

(1) 淡化/否认阶段。在第一次受暴后，女性一般会经历惊愕、愤怒、委屈和无助，但除非万不得已，她们极少有人愿意告诉别人，也不会向别人求助。如果施暴人能在事后道歉并保证下不为例，她们通常会淡化或否认自己挨打的事实。

(2) 自责阶段。当她意识到自己确实被打时，伴随而来的是痛苦和自责，并开始怀疑自我价值，逐步认同是因为自己有错才被打。认为只有自己改正，对方才能停止打骂，局面似乎还可以控制。

(3) 求助阶段。当暴力越来越严重和频繁时，她会感到难以忍受。这时才可能会决定向亲友求助、报警或找有关部门投诉。

(4) 反复阶段。大多数离开暴力家庭的受暴妇女，会再次回到施暴人身边。施暴受暴的过程可能要持续好长时间，她们才能最终做出是维持婚姻还是选择离婚的决定。

大多数丈夫采取家暴只是为了控制妻子，且因为难以受到法律制裁而不断反复，这给受害人的心理和行为造成巨大的恶劣影响。所以，女性在最初受到家暴时，就要适当处理，或适时向外界求助。

38. 如何面对父母再婚？

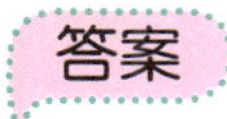

人到中老年，丧偶是人生感情生涯中最为不幸的遭遇。然而由于疾病、车祸、离婚等原因，失去老伴的父母可能陷入孤独和惆怅的境地，这会严重影响他们的心理健康和寿命。为了摆脱孤独，他们可能面临再婚，作为儿女的你应该怎么办？

（1）关爱父母。家庭是人生的基地，情感的归宿。独身有害无益，如果父母选择再婚，作为儿女，应该祝福。

（2）尊重父母的主体意识和独立意识。即使到了老年，人也应该自己主宰自己，要尊重父母的合法权益，并理解和支持他们。

39. 婚姻面临解体怎么办？

答案

在农村，妇女离婚比较难。一来在农村有离婚丢人的想法，二来离婚可能意味着再难见到孩子。如果婚姻面临解体，你该怎么办呢？

（1）冷静面对，切忌一哭二闹三上吊，那样只会加剧婚姻的解体。

（2）维护自己的合法权益，比如财产分割、孩子监护。

（3）提高自身的素质，做到独立自主。谁说咱离了男人不能活。

（4）走出心灵的伤痛，勇敢追求新的生活。

40. 当婚姻走到尽头，谁受伤？

在日常生活之中，有许多走到婚姻尽头的夫妻都在相互抱怨，怪罪对方，企图将过错归结于一方，认为自己是受害者。其实，婚姻中根本就没有是与非。所以，当婚姻走到尽头，不要把错误归结于一方，认为自己所受的伤害最大。婚姻的幸福是两个人的幸福，离婚的伤害同样是两个人的伤害。离婚意味着一段婚姻走向了失败，所以对于婚姻的失败感，双方是相同的。离婚会不同程度地造成夫妻双方抑郁、失望、不信任异性、自信心降低的心理。

41. 离婚后如何与前夫相处？

答案

若不幸离婚，你会怎么与前夫相处？离婚后如何与前夫相处可以有不同的选择，不同的选择，就有不同的人生。

（1）永不相见，老死不相往来；

（2）心怀怨恨，对孩子或逢人就说对方坏话；

（3）偶尔见面，话题只谈孩子；

（4）普通朋友，再见也是朋友；

（5）潇洒路人，不怨不恨也不爱。

你可以选择任何一种方式，但如果你们有孩子，孩子作为一个天然的纽带，势必要有一定的联系，但从重新开始下一段婚姻的角度来说，这种联系应保持一定的尺度，把握分寸。此外，一定不要在孩子面前说对方的坏话。

42. 如何平衡好“娘家”和“婆家”的关系？

答案

提起娘家、娘家人，总是会让人感觉到亲切，毕竟出嫁的女儿在娘家生活许多年，眷恋娘家也是自然的。且娘家总是自在一些，而在婆家就不得不顾忌一些。当家的媳妇，也不如住家姑娘，这并不夸张。

然而，做子女的，凡事要考虑周全，不宜“娘家”“婆家”分得太清，要一样孝顺双方父母，这样家庭关系才能达到平衡，感情越拴越牢。但从心里，把娘家和婆家分别对待，也是应该的，是符合现实生活的。虽然很难平衡，但要尽量走好娘家和婆家的平衡木，让婆家不觉得自己少了个儿子，让娘家不觉得自己少了个女儿，毕竟娘家婆家都是家。

43. 什么是幸福家庭必备的基本要素？

答案

幸福家庭是需要家人共同用心经营的，需要必备以下基本要素：

（1）相互沟通。相互沟通是维系家庭幸福的一个关键要素，有什么话不要憋在肚子里，多同家里人交流，更好地理解他们，也让他们多了解自己，这样可以避免许多无谓的误会和矛盾。

（2）相互信任。家庭成员之间要相互信任，很多幸福的家庭就毁于怀疑和猜忌。

（3）相互支持。在家人需要支持的时候，能毫不吝啬地伸出援助之手。

（4）相互平等。不管你有多少钱，你有什么样的社会地位，一个家庭的所有人都应该是平等的。

（5）相互忍让。当家庭出现矛盾时，能保持理智，不冲动，甚至做出妥协。

44. 如何改善姑嫂关系?

答案

姑嫂关系，可以说是家庭关系中最敏感、也最易出现矛盾的一对关系。姑嫂关系处理得好，将会促进家庭的团结和睦，处理得不好，家庭将会不得安宁。然而生活中常见姑嫂不和的场景，那么，怎样才能改善姑嫂关系呢?

（1）接受婆家原有的关系。作为媳妇，要适应婆家的原有情况。在这个家庭的原有成员，经过长期的共同生活，产生了一种平衡的人际关系，比如，小姑在家里备受宠爱，如果你急于打破这种关系，就会引起许多矛盾。

（2）豁达大度，不斤斤计较。不少媳妇认为婆婆“偏心眼”，待小姑好，把媳妇当外人而嫉妒小姑。其实，媳妇应该有这样的气度和肚量，谅解婆婆，把这种情况看成是一种正常现象，毕竟人家母女在一起生活了那么多年。

（3）主动地关心和照顾小姑。努力把小姑当成亲妹妹，关心和照顾她，遇事多和她商量，尊重她。

45. 人到老年有哪些心理状态？

答案

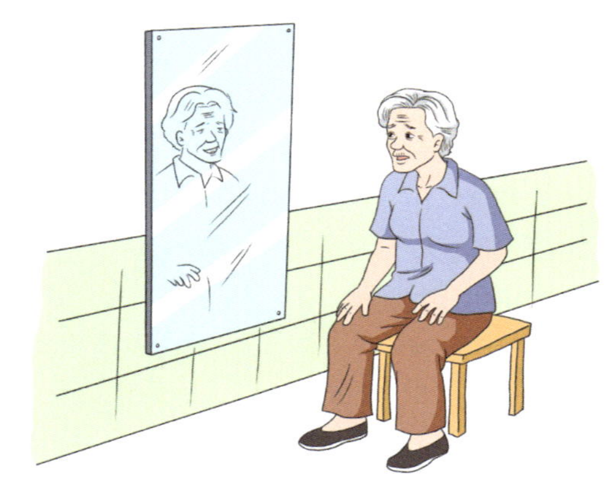

（1）认识能力低下。老年人身体机能衰退，大脑功能发生改变，中枢神经系统递质的合成和代谢减弱，导致出现感觉能力降低，反应迟钝，注意力不集中，健忘等现象。

（2）孤独和依赖。老年人逐步变得不能适应周围环境，不能跟他人进行有意义的思想和情感交流，容易导致孤独，同时因为丧失了劳动力，不得不依靠别人。

（3）易怒和恐惧。老年人情感不稳定，时而高涨，时而低落，易伤感，易激怒，而且情绪跟当时的事情不完全对应。同时，恐惧也是老年人常见的一种心理状态。

（4）抑郁和焦虑。老年人丧失了价值感，容易出现内心空虚、意志消沉、烦恼、抑郁、焦虑、悲观、厌世等情绪，会诱发疾病的产生。

（5）睡眠障碍。老年人由于大脑皮质兴奋和抑制能力低下，造成睡眠减少、睡眠浅、多梦、早醒等睡眠障碍。

46. 祖孙关系如何处理？

答案

目前，孩子由祖父母照看的颇多，这种“隔代抚育”的模式有利有弊。弊处就在于祖辈比较溺爱孙辈，不能严格要求，容易使孩子在心理和精神的发展上出现偏差，加之祖辈中的大多数人受教育水平有限，对孩子正确的引导不可避免地存在一些行为上的偏差，会形成教育的“脱代”。那么，该怎样处理祖孙关系呢？

第一，祖父母要认清，照看孩子是父母的责任，为了让孙辈健康成长，应该把教育的责任归还他们的父母；第二，在对待孙辈的问题上，祖辈应当与父辈保持一致的原则，不放纵、不娇惯；第三，祖父母在父母和子女发生矛盾冲突时，应起协调缓和作用，树立慈祥且不失威严的形象。

47. 顺从就是孝吗？

答案

老话认为，“孝顺孝顺，顺者为孝”，孝顺父母的人，就要做顺从父母心意的事情，听父母的话，所以，顺从就是孝，否则就是大逆不道。其实，顺从并不等于孝。

孝顺不是一种尊卑关系，不是绝对地服从，而是一种发自内心深处的、平等真诚的亲情关系。父母不是上帝，不是全能的，一味顺从父母即等于愚孝，且如果成年人一味听从父母的建议，就会缺乏主见，影响以后的家庭生活。所以，即使孝顺，也可以当面对父母说出自己的感受，保持自己独立的人格。

48. 如何尽孝？

答案

（1）要善待父母。不仅满足父母的物质需求，还要尽心关怀他们的精神需求，只有精神物质两方面都让父母满足，做儿女的才是真正尽到了孝心。因此，在生活中，子女要尽量尊重父母的选择，满足他们的期望。

（2）学会感恩。父母养育我们不容易，要时常怀着一颗感恩之心，报答他们的养育之恩。

（3）常回家陪伴父母。父母在子女成家独立后内心都很孤单，非常希望子女能找点空闲，带着孩子回家看看，能跟他们聊聊家常。

（4）对父母要耐心。父母有自己的生活经验和习惯，有时在对某些事情的观点、方法上难免跟子女有冲突或不一致，要善于宽容和谅解他们。此外，由于年龄和心理的原因，老年人往往喜欢重复唠叨，作为晚辈，要尽量耐心。

49. 如何关怀老年人？

答案

百善孝为先，尊老敬老爱老是中华民族的传统美德。作为子女，如何关怀老人？

（1）帮助他们丰富生活内容，寻找精神上的寄托，如跳跳秧歌，结识一些中老年朋友，克服孤独。

（2）细心照顾他们的晚年生活。特别是那些丧失健康身体的老人，需要有人专门照顾。而对于那些丧失亲人的老人，社会需要担负起照顾他们的责任。

（3）让他们做一些力所能及的事情，比如洗碗、接送孩子、养鱼种花等，提高他们的生存价值感，也有助于他们的身心健康。

（4）帮助他们克服对死亡的恐惧，当他们罹患某些精神障碍性疾病，如抑郁症、神经衰弱等时，要及时带老人到医院或正规机构进行心理咨询或心理治疗，以免问题加剧。

第三章　情绪管理

50. 人一般会有哪些情绪？

答案

一般认为人有四种基本情绪，即快乐、愤怒、恐惧和悲哀。

快乐

愤怒

恐惧

悲哀

快乐：是指一个人盼望和追求的目的达到后产生的情绪体验。快乐有强度的差异，从愉快、兴奋到狂喜。

愤怒：是指所追求的目的受到阻碍，愿望无法实现时产生的情绪体验。愤怒时紧张感增加，有时不能自我控制，甚至出现攻击行为。这种情绪对人的身心的伤害也是明显的。

恐惧：是企图摆脱和逃避某种危险情景而又无力应付时产生的情绪体验。

悲哀：是指心爱的事物失去时，或理想和愿望破灭时产生的情绪体验。悲哀的程度取决于失去的事物对自己的重要性和价值。悲哀时带来的紧张的释放，会导致哭泣。当然，悲哀并不总是消极的，它有时能够转化为前进的动力。

51. 情绪和行为有关系吗?

答案

人的行为常常被当时的情绪所支配。当人处在积极、乐观的情绪时，则会注意事物美好的一面，态度和善，乐于助人，并勇承重担；而处于消极时，则使人产生悲观意识，失去希望和渴求，也更容易产生攻击性。

52. 如何保持平和的心态？

答案

（1）不要斤斤计较；

（2）适当让步，非原则方面无需过分坚持；

（3）不苛求自己，不要求自己十全十美，欣赏自己的成就；

（4）对人友好，朋友多，心境也就变得平静；

（5）找人倾诉烦恼，心情会舒畅许多；

（6）知足常乐，才能做到心理平衡；

（7）对亲人期望不要太高，每个人都有自己的道路，何必要求别人迎合自己；

（8）暂离困境，去做你喜欢的事，等心境平和后，再重新面对难题，思考解决的方法；

（9）积极、适当地娱乐；

（10）帮助别人做事，可以表现自己存在的价值，获得珍贵的友谊和快乐。

53. 笑有什么好处？

答案

笑有十大好处：（1）清洁呼吸道；（2）增加肺活量；（3）减肥；（4）消除神经紧张；（5）使肌肉放松；（6）促进消化；（7）驱散愁闷；（8）减轻精神压力；（9）有助人际交往；（10）使人忘记不幸，向往未来。

54. 哪些方法有利于发泄坏心情？

答案

（1）动一下　运动有明显的提升情绪的效果。患抑郁的人从事散步、跑步和力量训练等运动，每周3次，每次20～60分钟，5周后抑郁会明显减轻。

（2）说一下 避免独处，找开朗豁达的朋友聊聊天，和家人多交流，溜达到热闹的地方让自己身处人群中，就有振奋情绪的作用。

（3）做一下 做一件纯身体活动，比如园艺、做菜……让你的心思全部沉浸其中，这有情绪按摩的作用。

（4）乐一下 睡个好觉，吃顿好饭，让身体先快乐起来，就能带来很多愉快的感觉。

（5）美一下 美容、化妆、做一个漂亮的发型、买几件漂亮的衣服，都是比较切实可行的事。

（6）善一下 日行一善，当我们感到情绪低落的时候，经常会伴随出现一种无能为力的感觉，而有效对抗这种感觉的办法就是去帮助别人。帮助孤独的老人，帮生病的朋友照顾小孩……看到比自己更不幸的人，我们会更懂得“惜福”。

（7）理一下 清理杂物，花半天时间把自己的房间或衣柜好好整理一遍。扔掉多余的东西，井井有条的感觉让心情也能轻盈一些。

55. 经期如何拥有好心情？

答案

许多女性在月经周期中存在情绪波动问题，尤其是在经期前和月经期，情绪上会表现低落、抑郁或脾气急躁等，如何缓解这种抑郁烦躁情绪呢？

（1）女性朋友不妨喝点味甘微苦、性温，具有理气解郁、活血散淤、调经止痛功效的玫瑰花茶，在饮用时您还可以根据个人口味调入冰糖或蜂蜜。对于那些痛经较严重的朋友，除了喝玫瑰花茶外，痛经发作时还可用鲜玫瑰花200克煎汤，浓缩成稀糊状，摊在四层纱布上，趁温热敷于脐部，胶布固定，每天换药一次。需要说明的是，玫瑰花最好不要与茶叶泡在一起。此外，因玫瑰花活血散淤，故月经量过多的朋友经期最好不要饮用玫瑰花茶。

（2）多吃米面，经期也有好心情。因为碳水化合物也能起到镇静和安慰神经的作用。比如用大米、面粉、小米做的各种主食，以及红薯、土豆等食物中，所含有的碳水化合物极其丰富，因此成为典型的抗抑郁食物。

（3）经期多喝水可以保持大便通畅，减少骨盆充血。同时，在经期，由于常会感到腰痛、不思饮食，不妨多吃一些开胃的食物。另外，喝点猪肝红枣粥、姜汁薏苡仁粥、黑木耳红枣粥及姜枣红糖水等，都能起到补血的作用。樱桃、南瓜、低脂牛奶、鸡肉等，也是女性经期很好的食品。

56. 如何克制冲动？

（1）坚信冲动是可以控制或克制的。摒弃“我没有办法”、“我控制不住”的观念。而应该持有这样的观念：冲动只是我的一种应对办法，我应该还有其他的办法应对。

（2）限定情绪下自己的言行底线，严格遵照承诺。

（3）牢记冲动反应的经验教训，让自己看到冲动的行为结果，学会为自己负责。

（4）用积极乐观的思维模式替代自己消极悲观的思维模式。

（5）要知道人与人不同，我和别人的想法未必是一样的。

（6）有冲动的时候，找适当的人聊聊，进行合理的宣泄；找不到人说，可以自己写下自己的想法、感受和意图；也可以自我内心对话。目的是使自己的心情平静下来。

（7）当冲动来临的时候，先放松自己并深呼吸，在心中默数10个数，然后再表述自己的看法。

57. 遭遇不公平怎么办?

答案

社会确实存在不公平，这种不公平遍布每个人发展的每一个阶段，在这一现实面前，任何急躁、抱怨都毫无益处，只有坦然地接受这一现实并忍受眼前的痛苦，才能扭转这种不公平，使自己有进一步发展的可能。

这个世界就是不公平的，要坦然面对，并积极地寻找办法自救。或换一种心态，把这种不公平当做是上天给我的磨炼，当做是“天降大任于斯人也”的前奏。世界再不公平，也不能自己放弃自己，忍一时之气，卧薪尝胆，让自己强大起来，为以后的崛起储存能量。告诉这个世界：总有一天，我会崛起的！

58. 可以抱怨吗？

答案

偶尔的抱怨发泄一下，也是十分必要的，但是无休止地抱怨只会增添烦恼，只能向别人显示自己的无能，抱怨是一种致命的消极心态，一旦自己的抱怨成为恶习，那么人生就会暗无天日，不仅自己好心境全无，而且别人跟着也倒霉。抱怨没有好处，乐观才是最重要的。

59. 哪些食物有助于缓解愤怒情绪？

答案

日常生活中的部分食品有顺气的作用，它不仅能使人摆脱不良情绪的影响，而且还能缓解因为生气带来的胸闷、气逆、腹胀、失眠等症状。

萝卜：萝卜最好生吃，如有胃病者可饮用萝卜汤。

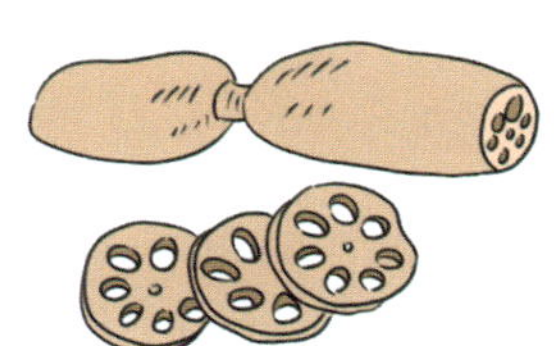

莲藕：藕能通气，并能健脾胃、养心安神，亦属顺气佳品。

啤酒：适量饮用啤酒能顺气开胃，可以使人及时走出愤怒的情绪。

山楂：中医认为山楂长于顺气止痛、化食消积，可以缓解气后造成的胸腹胀满和疼痛，对生气导致的心动过速、心律不齐也有一定疗效。

玫瑰花：泡茶时放入几朵玫瑰花，饮之即可顺气，也可以单泡玫瑰花饮用。

60. 哪些颜色有助于心情平静？

答案

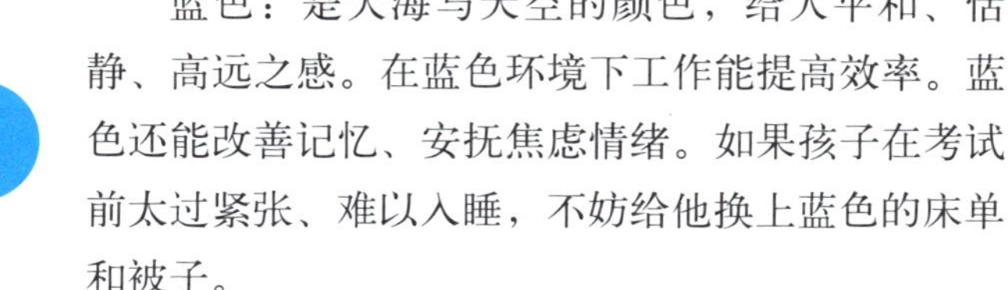

蓝色：是大海与天空的颜色，给人平和、恬静、高远之感。在蓝色环境下工作能提高效率。蓝色还能改善记忆、安抚焦虑情绪。如果孩子在考试前太过紧张、难以入睡，不妨给他换上蓝色的床单和被子。

紫色：代表教养，可以平衡内心、放松灵魂。紫色还能稳定孕妇的情绪，所以怀孕的女性不妨选择紫色的家居服，防止产前抑郁。

粉色：有放松情绪的效果。粉色能减少肾上腺激素的分泌，让发怒的人很快冷静下来。内心孤独和精神压抑的人不妨选用粉色的床单。产科和儿科护士一般穿粉色制服，给新生儿带来柔和、温暖的感觉，也能减轻住院儿童对白大褂本能的恐惧。

绿色：是生命的色彩，给人生机蓬勃之感。绿色环境能使皮肤温度下降1～2℃，每分钟心跳减少4～8次，呼吸均匀，益于休养康复。易烦躁的人宜用嫩绿色床单。手术室和重症监护室的墙壁与医护人员制服也多为浅绿色，能减轻危重病人的恐惧心理，同时也代表了顽强的生命力。

61. 如何保持积极的心态？

答案

克服消极情绪，保持积极心态，可以从以下几条做起：

（1）积极进取，树立目标；

（2）关爱别人，心存感激；

（3）肯定自己，进行自我鼓励；

（4）学会向他人和好朋友倾诉；

（5）与别人分享快乐，分担忧愁；

（6）承认差异，彰显自己的特色；

（7）学会沟通，同各种人愉快相处；

（8）进行换位思考，多种角度看问题；

（9）经常保持微笑，调动自己和别人的积极情绪；

（10）进行体育运动，释放身体的、心理的压力与能量。

消极树　　积极树

62. 我是抑郁症吗？

答案

抑郁症主要有以下的症状：

（1）兴趣丧失，无愉快感；

（2）精力减退或疲乏感；

（3）自我评价过低、自责，或有内疚感；

（4）联想困难或自觉思考能力下降；

（5）反复出现想死的念头或有自杀、自伤行为；

（6）睡眠障碍，如失眠、早醒，或睡眠过多；

（7）食欲降低或体重明显减轻；

（8）性欲减退。

63. 遇到事情必须要忍耐吗？

忍耐是一种处世方式，不等于消极躲避，不等于甘愿受欺。它是一种韬光养晦的斗争方式，是一种韧性的战斗技巧。积极的忍耐，绝不是意味着人格的渺小，自我的萎缩，它只是将可贵的、独立的自我暂时“隐藏”起来，他仍在（默默地）干自己想干的事，仍在（悄悄地）做自己想做的事。这种人的忍耐，软中透硬，柔中带刚，不以牺牲自己独立人格为代价，不奴性十足，不苟安偷生，不窝囊，也就没有失意之感。当人们将忍耐看做是唯一的目的时，当忍耐变成逆来顺受、失去抗争时，这种忍耐就毫无积极意义了。

64. 如何面对长辈的责骂?

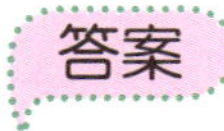

(1) 父母的责骂必然是为了我好，无需质疑。

不要去怀疑他们的动机，只要相信父母是为了自己着想，他们的责骂也好，他们的错误也好，就都是可以接受或者原谅的。

(2) 不要一味沉默，也不要反应过度。

不要指望什么都不说、什么都不做，父母就能了解和理解一切。好好沟通，问题才能迎刃而解。当父母在气头上的时候，避其锋芒，适度忍让，等父母气消了，再主动沟通。有错认错，有误会就解释清楚，才是最重要的。

(3) 说到做到，获取父母的信任。

仔细想想，我们是不是经常忘记了对他们的承诺?不要怪父母为什么总是随时提醒、随时监控、唠唠叨叨，因为是我们自己在他们心中塑造了没信用的形象。不要随便对父母许诺我们做不到的事情，我们做得到的事，就要努力做到。

第四章　人际关系

65. 怎样才能有好人缘？

答案

（1）要有容人之量。正确处理矛盾就必须敞开心胸，在相处时理解对方、容纳对方、求同存异，在心中消除敌意，让矛盾变为合作。在意见产生分歧时，静下心来听对方讲述理由。如果无法取得一致，那也可按照他的想法去试一试。取得成功，主动归功于他。你的理解与宽容会让对方感动，他会逐渐在心中接受你。

（2）做人要厚道。不能待人苛刻，使小心眼。别人有了成功，不能眼红，不能嫉妒；别人有了问题，不能幸灾乐祸，落井下石，更不能给人“穿小鞋”。

（3）为人处世要有人情味。要关心人，爱护人，尊重人，想要获得别人的认可，就要表现出你谦虚有礼的一面。牢记谦逊才是中国传统的美德。

（4）要诚以待人。诚实是人的第一美德。做人要坦诚，更要有一些侠骨柔肠，光明磊落，襟怀坦荡，使人如沐春风，这样才能有个好人缘。

（5）靠近“好人缘”的人。人缘好的人他的朋友多，你与他成为关系密切的朋友，他的朋友自然也会成为你的朋友。“人缘好”群众基础好，能量也就越大。

66. 怎样才能有幽默感？

幽默感并不是先天的，也有后天培养的。培养幽默感可以从以下几点入手：

（1）主动接纳各种不同的人、事、物，使性格开朗；

（2）时刻保持愉快的心情有助于幽默感的萌生；

（3）积累幽默素材，比如看漫画和笑话，从中体会幽默的感觉；

（4）幽默可以从给身边的人讲笑话开始。

67. 不善与人交往怎么办？

答案

（1）把笑容挂在脸上，让人觉得你有亲和力而不觉得你是那种不易亲近之人。

（2）如果你不善于与人交流的话，那就尝试去倾听别人。与人相处，不一定要说很多，重要的是能让别人感觉到你能够理解他/她，也能获得他人认可。

（3）了解别人的性格、习惯、需要。人们常常因了解而结合，因了解而相互帮助、相互体谅，才能成为知交。

（4）当别人有不合己意的地方，你要包容他；当别人与自己有意见冲突的时候，你要宽容他。学会对别人宽容，这是人与人之间的和睦之道。

（5）接纳别人的不足、缺失。

（6）当别人失意、困难的时候，适时表达一句关怀的慰问、提供一个关怀的协助，可以激发人的信心、重燃希望。关怀别人，就是表达善意，你能不吝关怀别人，一定能获得对方的友谊。

68. 微笑能改变人缘吗?

答案

现实生活中，无论真笑假笑，只要投入去笑都对身心有益。当感到失落、郁闷、难过时，对着镜子，咧嘴提起嘴角，眯起眼睛，尽量做出一个真笑动作，感受笑容带给你的放松与宽心。而在人际交往中，“微笑”也是制胜法宝。

微笑是一种令人愉快的表情，它在人际交往中有很重要的作用。微笑可以在瞬间缩短人与人之间的心理距离。生活中，没有什么东西能比一个灿烂的微笑更能提升你的个人魅力，更能打动人心的了。

所以，微笑会增加你的人缘，微笑为你带来朋友，微笑给你增添人生的机会，微笑使你在人生中更容易成为一个成功者。

69. 如何赞美别人？

答案

（1）赞美行为而非个人。

举例来说，如果孩子考试成绩好，不要说：“你真是聪明的孩子，太棒了！”可以换成：“孩子，你考试前的刻苦复习取得了好成果，妈妈为你自豪！”

（2）透过第三者表达赞美。

如果对方是经由他人间接听到你的称赞，比你直接告诉本人更多了一份惊喜。相反地，如果是批评对方，千万不要透过第三者告诉当事人，避免加油添醋。

（3）客套话也要说得恰到好处。

客气话是表示你的恭敬和感激，所以要适可而止。有人替你做了一点点小事，你只要说“谢谢”、“对不起，这件事麻烦你了。”

（4）面对别人的称赞，说声谢谢就好。

一般人被称赞时，多半会回答“还好！”或是以笑容带过。与其这样，不如坦率接受并直接跟对方说“谢谢！”有时候对方称赞我们的服

饰或某样东西，如果你说：“这只是便宜货！”反而会让对方尴尬。

70. 朋友相处一定要让着对方吗？

答案

留一步，让三分，是一种谨慎的处世方法，适当的谦让不仅不会招致危险，反而是寻求安宁的有效方式。个人生活中，除了原则问题必须坚持，对于小事、对于个人利益，谦让一定会带来身心的愉快，以及和谐的人际关系。有时，这种“退”就是“进”，“与”就是“得”。

为人处世，遇事都要有退让一步的态度才算高明，让一步就等于为日后的进一步打下基础。给朋友方便，实际上是日后给自己留下方便。

71. 我可以拒绝别人的要求吗？

答案

人的要求，永无止境，合理的悖理的并存；大千世界，要求各种各样，现在就能办到的、将来才能办到的、永远办不到的，都有人不断提出，“有求必应”四个字，有时是难以做到的。因此，该拒绝的，就得拒绝，如果当场不好意思说个“不”字，轻易承诺了自己不愿、不应、不必履行的职责，事办不成，以后更不好意思见人。所以当别人的要求超过自己的能力或原则范围以外时，要学会“拒绝”。

72. 如何道歉？

答案

如果你错了，就及时承认。与其等别人提出批评、指责，还不如主动认错，道歉更易于获得谅解、宽恕。凡是坚信自己一贯正确，发生争端总是武断地指责对方大错特错，从不认错、道歉的人，根本交不到朋友，或易交难处，永远缺乏知心。

73. 遭遇不幸或处于逆境的人需要安慰吗？

答案

人生的道路不平坦，逆境常多于顺境。不幸的事，人人难免，身处逆境，面对不幸，当事者不仅本人需要坚强起来，也迫切需要别人的安慰，痛苦再加孤寂，痛苦倍增；痛苦有人分担，痛苦减半。“患难见真情”，安慰如“雪中送炭”，能给不幸者以温暖、光明和力量。给予不幸者以安慰，是为人处世的一种美德，当至亲好友遭到不幸时，及时送上真诚的安慰，更是你应尽的责任。

74. 如何表达不同意见？

答案

在表达不同意见时：

（1）应该先退让一步，表示自己在某些方面同意对方的意见，也很仔细地考虑过他的意见；然后再说明自己的建议，如此将使对方更容易接受你的观点。你不妨这样说：“我考虑过你的提议，这个建议很好，不过，有些问题可能还需要再商量。”或是“我十分同意你的意见，只是我有一些建议，希望你能听听看。”

（2）回避焦点，缓冲正面的纷争。你可以表示同意对方的意见，但说明有些人不赞同，然后再针对不完善的地方提出质疑。

（3）重复对方的意见，以提醒对方再次考虑他的意见。在发表不同意见的过程中，许多人说话时往往粗心大意，所说的话可能不够完善，这时你不妨用询问的口气、适宜的语调重述对方的意见，表示希望得到再次的证实，使对方能重新思考，加以修正。

75. 与人打交道需要处处讨好别人吗?

答案

不需要。讨好每一个人是不可能的，也是没有必要的，讨好每一个人，等于得罪每一个人，刻意去讨好别人只会使别人产生厌恶，亲近别人要顺其自然，投机心态要改变，有时间讨好，不如踏踏实实做事，讨好别人总是靠不住，自己努力才是实实在在。

76. 怎样化解邻里矛盾？

答案

（1）见面礼貌问候，碰面顺便聊聊家常；

（2）有力所能及的事你可以去帮助；

（3）串门走走，带些水果，趁着过节去他家坐坐，也许就恩怨尽消了；

（4）多想他人，诸如：当你白天准备放开音量收看电视或听音乐时，应先想想邻居有无上夜班的在家休息；当你在高楼阳台为花浇水时，应先看看楼下是否有人，有没有晒着衣被；当你的孩子与邻居小孩吵架时，就应先看看别人的孩子有否受伤，并主动带孩子去邻居家问个究竟、道个歉；当你要在宅基上砌房造屋时，应主动请左邻右舍共同找出宅基界……

77. 人际交往中应注意哪些原则？

答案

（1）以诚待人，不要过于世故；

（2）言而有信，不要轻易作出许诺；

（3）保持适度距离，不要过于亲近；

（4）自尊自爱，不要热衷于接受他人的馈赠；

（5）平等待人，不要盛气凌人；

（6）虚心听取不同意见，不要好为人师；

（7）善始善终，不要见异思迁；

（8）不卑不亢，不要见风使舵；

（9）宽以待人，不要苛求于人。

78. 宽容别人对自己有什么好处吗？

答案

（1）身体方面：降低血压，减轻压力，稳定心律，远离烟酒。

（2）心理方面：缓解愤怒，远离抑郁，少点焦虑，心理健康。

（3）社会方面：消除敌意，改善关系，扩大交往，家庭和睦。

宽容别人是对自我的解脱！

79. 什么是换位思考？

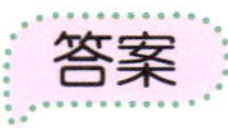

换位思考是人对人的一种心理体验过程。将心比心，设身处地，是达成理解不可缺少的心理机制。它客观上要求我们将自己的内心世界，如情感体验、思维方式等与对方联系起来，站在对方的立场上体验和思考问题，从而与对方在情感上得到沟通，为增进理解奠定基础。它既是一种理解，也是一种关爱。

80. 人际交往有哪些技巧？

答案

（1）记住别人的姓或名，主动与人打招呼，称呼要得当，让别人觉得礼貌相待、备受重视，给人以平易近人的印象。

（2）举止大方、坦然自若，使别人感到轻松、自在，激发交往动机。

（3）培养开朗、活泼的个性，让对方觉得和你在一起是愉快的。

（4）培养幽默风趣的言行，幽默而不失分寸，风趣而不显轻浮，给人以美的享受。与人交往要谦虚，待人要和气，尊重他人，否则事与愿违。

（5）做到心平气和、不乱发牢骚，这样不仅自己快乐、涵养性高，别人也会心情愉悦。

（6）要注意语言的魅力：安慰受创伤的人，鼓励失败的人；恭祝真正取得成就的人，帮助有困难的人。

（7）处事果断、富有主见、精神饱满、充满自信的人容易激发别人的交往动机，博得别人的信任，产生使人乐意交往的魅力。

81. 什么是恰当的人际距离？

答案

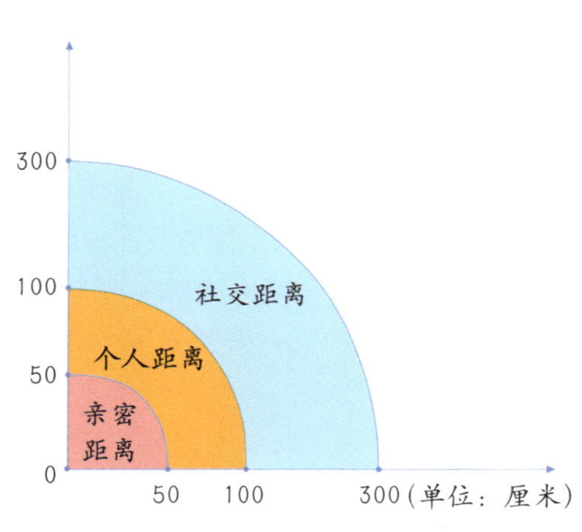

（1）亲密距离是指两人的身体很容易接触到的一种距离，一般间隔在15～45厘米之间，甚至可以紧挨在一起，亲密无间。这一距离适用于情人或夫妻间谈情说爱，也适用于父母与子女之间或是很要好的朋友之间谈话。

（2）个人距离比亲密距离稍远一点，一般在45～100厘米之间。其特点是伸手可以握到对方的手，但不容易接触到对方的身体。通常熟人朋友间的交谈多采用这种距离。

（3）社交距离的范围比较灵活，近可1米左右，远可3米以上。这种距离通常用于与个人关系不大的人际交往，例如参加婚礼，双方隔几步远打打招呼或寒暄几句便又分开。如果双方相互有吸引力，也可以缩短距离，可灵活掌握。

（4）公共距离是指人们在公共场合的空间需求，除了公共汽车、电梯等特定场合外，一般都在3米以外，如公园散步、路上行走、在剧场前厅等候看演出，还有演讲者与听众、教师讲课与学生之间的距离等等。

82. 与人沟通如何学会倾听？

答案

聆听别人讲话，必须做到耳到、眼到、心到。

（1）注视说话者，保持目光接触，不要东张西望。

（2）单独听对方讲话，身子稍稍前倾。

（3）面部保持自然的微笑，表情随对方谈话内容有相应的变化，恰如其分地频频点头。

（4）不要中途打断对方，让他把话说完。

（5）适时而恰当地提出问题，配合对方的语气表述自己的意见。

83. 什么样的心理状态阻碍人际交往?

答案

（1）自负。只关心个人的需要，强调自己的感受，在人际交往中表现为目中无人。另外，在对自己与别人的关系上，过高地估计了彼此的亲密度，讲一些不该讲的话。这种过于亲昵的行为，反而会使人出于心理防范而与之疏远。

（2）忌妒。当对方面临或陷入灾难时，就隔岸观火，幸灾乐祸；甚至借助造谣、中伤、刁难、穿小鞋等手段贬低他人，安慰自己。

（3）多疑。具有多疑心理的人，往往先在主观上设定他人对自己不满，然后在生活中寻找证据。带着以邻为壑的心理，必然把无中生有的事实强加于人，甚至把别人的善意曲解为恶意。这是一种狭隘的、片面的、缺乏根据的一种盲目想象。

（4）自卑。个体自卑感的形成主要是社会环境长期影响的结果。自卑的浅层感受是别人看不起自己，而深层的理解是自己看不起自己，即缺乏自信。

（5）干涉。再亲密的朋友，也有个人的内心隐秘，有一个不愿向他人坦露的内心世界。有的人在相处中，偏偏喜欢询问、打听，传播他人的私事，这种人热衷于探听别人的情况，并不一定有什么实际目的，仅仅是以刺探别人隐私而沾沾自喜的低层次的心理满足而已。

（6）羞怯。具有这种心理的人，往往在交际场所或大庭广众之下，羞于启齿或害怕见人。由于过分的焦虑和不必要的担心，使得人们在言语上支支吾吾，行动上手足失措。

阻碍人际交往的7种心态

（7）敌视。这是交际中比较严重的一种心理障碍。这种心理或许来自童年时期因家庭环境受人虐待从而使他产生别人仇视我，我仇视一切人的心理。对不如自己的人以不宽容表示敌视；对比自己厉害的人用敢怒不敢言的方式表示敌视；对处境与己类似的人则用攻击、中伤的方式表示敌视，使周围的人随时有遭受其伤害的危险，而不愿与之往来。

第五章　自我关爱

84. 什么是“爱自己”？

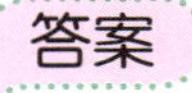

（1）放下对外界的批判和抱怨，我们便开始有了爱自己的基础意识。

（2）接纳自己的不完美。

（3）经常赞许自己、嘉奖自己。

（4）做自己喜欢做的事。

（5）作息规律化。

（6）懂得拒绝别人，不为了别人喜欢去勉强自己，听从内心的声音。

（7）少些执着，一切都会过去，而生命永恒。

85. 如何分清人生事，过幸福日子？

答案

人生的事只分三类，很多烦恼的起因就是没有清楚地区分开这三类事。

（1）自己的事——尽力。让自己的人生更加成功快乐。是自己的事情，必须自己做，且尽力去做。

（2）别人的事——尊重。他人的事，是他自己的事，我们必须尊重。尊重就是不要以为可以要求他做一些什么，想要改变他、操纵他，要他听话等。

（3）老天的事——顺应。老天的事不仅仅要你尊重，还要顺应。有智慧的人会懂得顺应老天的运作、运行而发展，这样就可以很轻松地拥有一个成功快乐的人生。

86. 世界上什么是你的?

答案

爱人、子女、金钱、房子、车都无法对你不离不弃，当你离开的那一天，这些就什么都不是了。那么究竟什么是你的呢?

你的身体！只有它才是始终不离不弃地陪伴你的生命，走完人生的全部历程；只有它才能拼命地呵护、保护你的生命，直到耗尽它全部的能量为止。如果你的身体健康状况越好，陪你所走的路程就越远。没有了身体，你的生命也就终止了。因此，你要把这唯一属于你的东西——“身体”，看做无价之宝，爱护它、满足它的一切需求。锻炼、营养、作息、防病治病、讲究卫生、心情舒畅、不受伤害等等一切保护性的措施全部跟上，一刻也不能松懈。

身体健康，生活才会有质量；身体健康，生命就会长。没有了健康的身体，就没有了生命。有了生命就拥有了一切。保护好自己的身体，珍惜你现在拥有的一切!

87. 如何才能活得更自在?

答案

（1）放下面子。有些时候我们拉不下这个脸，主要担心面子上过不去。要知道，低头是为了看准自己走的路。

（2）放下压力。心灵的房间，不打扫就会落满灰尘。把一些压力扔掉，快乐就有了更多更大的空间。

（3）放下过去。放下过去，你才能过得更幸福！学会平静地接受现实，学会对自己说声顺其自然，学会坦然地面对厄运，学会积极地看待人生，学会凡事都往好处想。

（4）放下自卑。不是每个人都可以成为伟人，但每个人都可以成为内心强大的人。相信自己，找准自己的位置，你同样可以拥有一个有价值的人生。

（5）放下懒惰。奋斗改变命运。绝招就是把一件平凡的小事做到炉火纯青，就是绝活。

（6）放下消极。如果你想成为一个成功的人，那么，请为“最好的自己”加油吧，让积极打败消极，只要你愿意，你完全可以一辈子都做最好的自己。

（7）放下抱怨。与其抱怨不如努力，所有的失败都是为成功做准备。

（8）放下犹豫。立即行动，成功无限。认准了的事情，不要

优柔寡断；选准了一个方向，就只管上路，不要回头。立即行动是所有成功人士共同的特质。

（9）放下狭隘。心宽，天地就宽。宽容是一种美德。宽容别人，其实也是给自己开疆辟土。

（10）放下怀疑。心存疑虑，做事难成。用人不疑，疑人不用。

88. 如何自我安慰？

答案

（1）最重要的是今天的心情；

（2）好心境是自己创造的；

（3）用心做自己该做的事；

（4）别总是自己跟自己过不去；

（5）极端不可取；

（6）不要过于计较别人的评价；

（7）每个人都有自己的活法；

（8）不做欲望的奴隶；

（9）喜欢自己才会拥抱生活

（10）木已成舟便要顺其自然

（11）福中有祸，祸中有福；

（12）不妨暂时丢开烦心事；

（13）愉悦的根基在自己身上；

（14）感觉幸福就是幸福。

89. 如何接纳不完美的自己？

答案

只要是人，就会不完美。不能接纳自己的不完美，源自我们常常拿理想的自我与现实的自我进行比较而产生的焦虑感，还有和别人不正确的比较而产生的自卑感。拿自己与高过自己一大截的人比，拿自己的缺点与别人的优点比，拿自己的各个方面分别与不同人的优点比，比较的结果是事事不如人，谁都比自己好。

其实，每个人都有足以让自己确立自信的优于别人的长处。“一棵树，如果花不鲜艳，也许叶子会绿得青翠欲滴；如果花和叶子都不漂亮，也许枝干会长得错落有致；如果花、叶子和枝干都不漂亮，也许它处的位置很好，在蓝天的映衬下绰约多姿。”

人生就是如此，不完美才是真的，只要我们真诚地面对，有点缺憾，人生照样精彩。

丢掉面具，回归自我！

90. 关爱自己就是尽情欢乐吗？

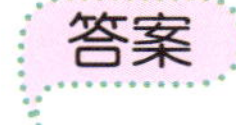

人生应当欢乐有度。适当的娱乐活动能调节情绪，无休无止的欢乐却易转益为害。物极必反，数穷则变，大凡快意处，即是多病处。棋可遣闲，易动心火。一味地狂欢尽兴是肤浅的人生，换来的往往是痛苦的悔恨。尽兴有度是达观的人生，乐极生悲不局限于娱乐方面，涉及人生的方方面面。

91. 适当哭泣有助于女性身心排毒吗？

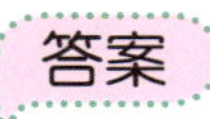

流泪对维护人体健康有益，尤其是情感性流泪。发自内心地流泪能帮助人们恢复心理和生理上的平衡。

（1）适当哭泣有利于心理保健。最好的哭泣是轻声啜泣，而不是号啕大哭。哭泣的同时，你可以想象痛苦和委屈连同眼泪一起流出的情景。不会哭的人其实是一些不幸的人。心理学家把这种不会哭的现象看成是情感障碍，认为有必要去就诊。

（2）哭能增加肺活量，有助于血液循环和新陈代谢。

（3）哭能清洗和滋润眼睛，预防干眼症和沙眼。

（4）哭能促进分泌荷尔蒙，排毒养颜。不过，哭不宜超过15分钟。压抑的心情得到发泄、缓解后就不能再哭，否则对身体反而有害。因为人的胃肠机能对情绪极为敏感，忧愁悲伤或哭泣时间过长，胃的运动会减慢、胃液分泌减少、酸度下降，会影响食欲，甚至引起各种胃部疾病。

（5）需要注意的是，哭泣时不要用双手揉眼睛，这样最容易产生沙眼，泪水会被揉回到眼睛中，而且手上的细菌会进入眼睛。

92. 如何保持一颗年轻的心？

答案

每个人都会老去，这是自然规律。无论是80岁还是18岁，如果都为未来所吸引，都对人生竟争中的快乐怀着孩子般无穷无尽的渴望，不断地从人群中、从无限的时空中感觉美好、希望、乐观、勇气和力量，就会永远年轻。

（1）保持笑容仔细观察一下自己，看看脸上的笑容是不是少了，如果少了，就问一下自己是否对某些事情过于认真。其实，每个人可能都会有这样的经历，即有时候难免会回忆起痛苦的往事，然而这些往事并没有给你的生命造成太大影响。所以，对于一些痛苦的往事，还是一笑了之比较好。

（2）让过去的成为过去。每个人都会有冲动的时候，既然是冲动，就可能会造成某种不良后果。其实，不必为这些事情耿耿于怀，因为这恰恰证明你是一个率真的人，是一个质朴的人。凡事顺其自然，过去的都已经过去了，既然造成的后果已经无法挽回，不如期待下一次会有好的表现。

第六章　心理健康知识

93. 心理健康的标准是什么？

答案

心理学家将心理健康的标准描述为以下几点：

（1）有适度的安全感，有自尊心，对自我的成就有价值感。

（2）适度地自我批评，不过分夸耀自己，也不过分苛责自己。

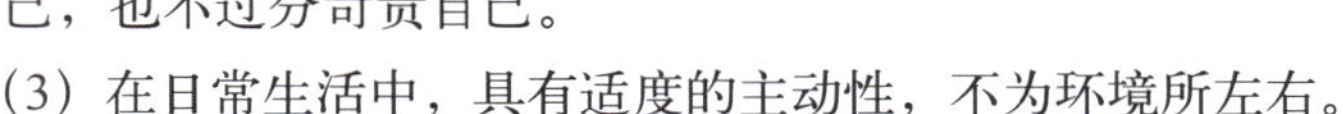

（3）在日常生活中，具有适度的主动性，不为环境所左右。

（4）理智、现实、客观，与现实有良好的接触，能容忍生活中挫折的打击，无过度的幻想。

（5）适度地接受个人的需要，并具有满足此种需要的能力。

（6）有自知之明，了解自己的动机和目的，能对自己的能力作客观的估计。

（7）能保持人格的完整与和谐，个人的价值观能适应社会的标准，对自己的工作能集中注意力。

（8）有切合实际的生活目标。

（9）具有从经验中学习的能力，能适应环境的需要改变自己。

（10）有良好的人际关系，有爱人的能力和被爱的能力。在不违背社会标准的前提下，能保持自己的个性，既不过分阿谀，也不过分寻求社会赞许，有个人独立的意见，有判断是非的标准。

94. 心理健康的人就是没有痛苦和烦恼吗？

答案

一般说来，心理健康的人都能够善待自己，善待他人，适应环境，情绪正常，人格和谐。心理健康的人并非没有痛苦和烦恼，而是他们能适时地从痛苦和烦恼中解脱出来，积极地寻求改变不利现状的新途径。他们能够深切领悟人生冲突的严峻性和不可回避性，也能深刻体察人性的阴阳善恶。他们是那些能够自由、适度地表达、展现自己个性的人，并且和环境和谐地相处。他们善于不断地学习，利用各种资源，不断地充实自己。他们也会享受美好人生，同时也明白知足常乐的道理。他们不会去钻牛角尖，而是善于从不同角度看待问题。

95. 哪些女性心理健康容易出现问题？

答案

（1）感情用事的女性。她们在受到伤害时，悲痛地诉说如何遭受丈夫的殴打、折磨，丈夫如何不负责任地伤害她和孩子而弃家不顾等等。然而，最令她们伤心之处并不是自己受了多少折磨和伤害，而是丈夫离她而去。

（2）固执己见的女性。她们大多遇事听不进亲朋好友的劝告，不愿承认自己的致命弱点。

（3）过度迁就的女性。在现实生活中，这类女性对丈夫过度迁就宠溺，事无大小都侍奉代劳，唯恐有什么做得不周，长年累月，形成习惯，要是偶尔侍奉不周，便成为冲突和摩擦的导火线。

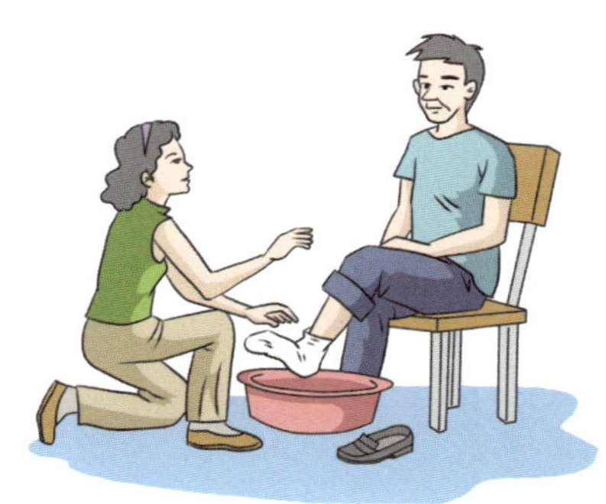

（4）喋喋不休的女性。她们无法让丈夫有相对安静的环境，久而久之，使对方产生厌倦情绪。

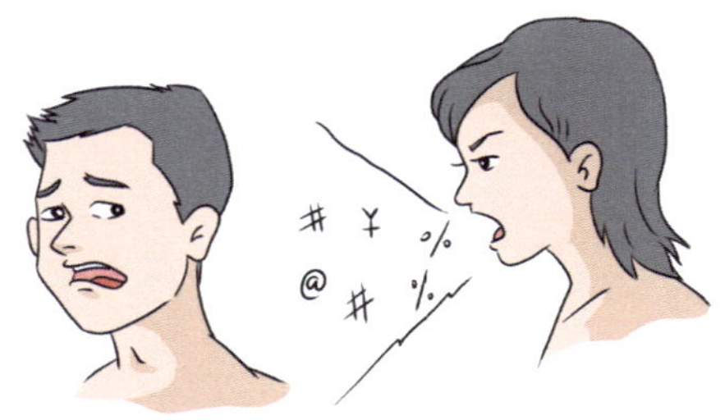

（5）顾虑重重的女性。她们在面对离婚问题时，大都表现出了懦弱、无知、茫然和担心。

（6）过分依赖的女性。她们在心态上尚未成熟，婚姻生活中一出现问题，就向别人求援，不会和丈夫共同设法解决。

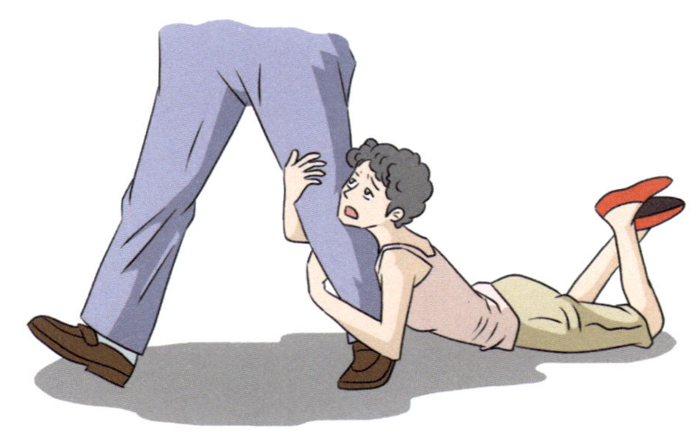

96. 有心理问题就是精神病吗？

答案

不是。心理问题几乎是人人都可能遇到，如失恋、落榜、人际关系冲突造成的情绪波动、失调，一段时间内不良心境造成的兴趣减退、生活规律紊乱甚至行为异常、性格偏离等等。这些由于现实问题所引起的情绪障碍，成为心理障碍。

精神病指的是大脑机能活动发生紊乱，导致认识、情感、行为和意志等精神活动不同程度障碍的疾病的总称。致病因素有多方面：先天遗传、个性特征及体质因素、器质因素、社会性环境因素等。许多精神病人有妄想、幻觉、错觉、情感障碍、哭笑无常、自言自语、行为怪异、意志减退的病征，绝大多数病人缺乏自知力，不承认自己有病，不主动寻求医生的帮助。

97. 精神病与神经病一样吗？

答案

不一样。

神经病是神经系统疾病的简称。是指中枢神经系统和周围神经的器质性病变，并可以通过医疗仪器找到病变的位置。常见的神经病有：脑炎、脑膜炎、脑囊虫病、脑出血、脑梗塞、癫痫、脑肿瘤、重症肌无力等。患者应去神经内科寻求诊治。

精神病，指严重的心理障碍，患者的认识、情感、意志、动作行为等心理活动均可出现持久的明显的异常；不能正常地学习、工作、生活；动作行为难以被一般人理解；在病态心理的支配下，有自杀或攻击、伤害他人的动作行为。

神经病与精神病之间有时也存在着联系，例如脑炎、脑肿瘤、脑外伤、癫痫等神经内科患者常伴有精神症状，有的还以精神症状为突出表现。但结合病史及全面躯体检查，鉴别它们是不困难的。神经病应去脑系科诊治，而精神病则应去精神病专科医院诊治。

我头痛！
痛死了！

神经病

精神病

98. 精神病与神经症一样吗？

答案

不一样。精神病多指重性精神障碍，神经症是轻度精神障碍，主要区别如下：

（1）病因不同。人们普遍认为精神病是“受刺激”后得的，目前精神病学的研究仍认为大多数精神病是一种病因尚不明的疾病。精神刺激只是发病诱因，而非发病原因。恰恰相反，神经症一般是由现实或幼时创伤性心理致病因素引起发病的。

精神病：精神分裂症

（2）临床表现不同。精神病患者对自己的心理状态异常没有认识，因此不承认自己有精神病，不主动就医，甚至拒绝看病；而神经症除癔症外，没有精神病性症状（幻觉、妄想等），对他的心理状态的异常有认识，因此有患病的感觉，主动求医。精神病的

神经症：强迫症

行为改变有时超过了社会所能接受的限度，如无故挤眉弄眼、做鬼脸，吃些不能吃的东西：肥皂、污水等。行为不可理解，不知道动机目的何在。而神经症的行为改变通常仍保持在社会所能接受的限度之内，如恐惧症患者对某种物体或处境害怕和恐惧，常采取回避行为；强迫症病人具有不安全感，于是反复检查门、窗是否关好，床下是否藏着小偷；神经衰弱病人容易激动，为微不足道的小事生气等。

（3）治疗方法不同。精神病必须坚持精神药物治疗为主，辅以心理治疗。神经症的治疗却是以心理治疗为主，药物治疗为辅。

99. 有心理问题需要吃药吗？

答案

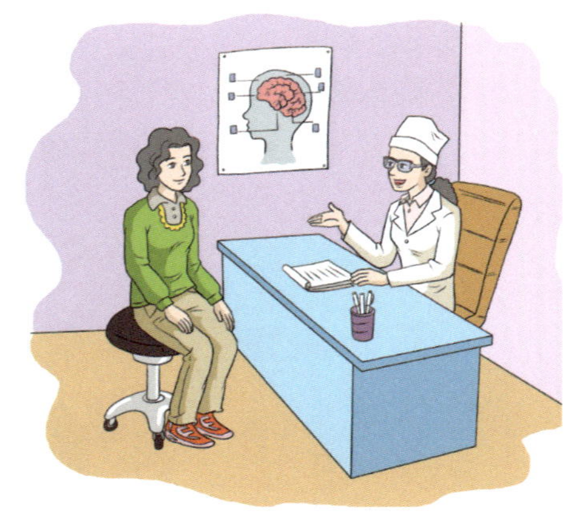

药物治疗也是心理治疗的一部分。疾病到了一定严重程度，仅通过心理咨询或心理治疗不能解决问题的时候，必须配合药物治疗取得更好的疗效。有些就诊的患者躯体症状和精神症状均已经达到较严重的程度时，药物治疗是必须的，吃药能够迅速控制症状，也为心理治疗提供必要的基础和前提。

有些患者非常担心药物的副作用。其实这些副作用在实际治疗中出现的可能性微乎其微，即使真的出现了毒副作用，只要及时向医生报告，迅速调整药物种类和剂量也可以避免对身体的损害。

切记：心理咨询师没有处方权，不能开药。正规医院的心理医生属于医师体系，有处方权，可以开药。

100. 什么是心理咨询？

答案

心理咨询是指运用心理学的方法，对心理适应方面出现问题并企求解决问题的求询者提供心理援助的过程。需要解决问题并前来寻求帮助者称为来访者或者咨客，提供帮助的咨询专家称为咨询者。来访者就自身存在的心理不适或心理障碍，通过语言文字等交流媒介，向咨询者进行述说、询问与商讨，在其支持和帮助下，通过共同的讨论找出引起心理问题的原因，分析问题的症结，进而寻求摆脱困境、解决问题的条件和对策，以便恢复心理平衡，提高对环境的适应能力，增进身心健康。

心理咨询最一般、最主要的对象，是健康人群或存在心理问题的人群。

心理咨询室

101. 出现什么问题适合做心理咨询?

答案

有心理困惑，感到生活、学习压力大或由于丧失而痛苦的正常人，属于心理咨询的范畴。比如，工作紧张而失眠的人，人际关系不好而失去自信的人，失恋、沮丧而痛苦的人，家庭不和睦或性生活不协调而苦恼的人，考试紧张而焦虑的人，因择业而矛盾的人、退休而失落的人、挫折而欲自杀的人等等，以及生活、工作中有畏惧、多疑、敏感、嫉妒的人。此外，还包括学生的学习、适应问题，儿童的不良行为如说谎、偷窃、破坏、口吃等问题的咨询。

另外，对于以情绪障碍为主要特征的焦虑、抑郁、强迫、恐怖、疑病等各种神经症，以人格改变为主要特征的偏执、冲动、反社会等人格障碍，以性对象或方式表现异常为主要特征的同性恋、恋物癖、异装癖、露阴癖、窥阴癖、施虐狂、易性癖等性心理障碍，由心理社会因素所致各种躯体疾病（又称心身疾病）的心理水平治疗，儿童的多动、抽动、学习困难及弱智开发，以及重性精神病恢复期的回归社会训练等，属心理治疗的范畴。 此类情况首选在精神科医院治疗，根据情况可能需要服药。同时辅助心理咨询，效果更为明显。

102. 患精神疾病的人容易出现什么症状？

患精神疾病的人容易出现下列情况：

（1）睡眠和记忆障碍。精神病人的失眠无明显原因，无痛苦体验，也从不主动就医。有的即使彻夜不眠，次日仍毫无倦意，但仔细观察可发现患者有注意力不集中、思维散漫等表现。

（2）性格改变。原来是热情、乐观、合群、善于交往的外向型性格的人突然变得沉默寡言、孤独。对没有特殊原因突然发生了明显性格改变的人应引起重视。

（3）情绪反常。精神病人的情绪改变往往是毫无原因的，如躁狂症病人常表现为终日喜气洋洋；抑郁症病人则表现为情绪低落。还有一些病人出现情感倒错，如听到不幸的消息反而哈哈大笑。

（4）过分猜疑。这类病人对周围人的一言一行特别敏感，如听到有人讲话，就怀疑在议论自己。正常人的多疑经事实证实后消失，患者却仍坚信不疑。

她抬起双手不动，告诉医生：“这是外力让我如此。”（物理影响妄想）

“我是全球首富，他们都不行。”（夸大妄想）

（5）动作和行为异常。这是精神活动的外在表现，一般比较容易识别。如有妄想特征的病人往往对妄想对象突然发生攻击行为；躁狂病人可有过分装饰；情绪低沉的抑郁病人常呆坐或呆立而默不作声。

她把钱粘贴在身上，声称：
“我要从事经济建设！”
（象征性思维）

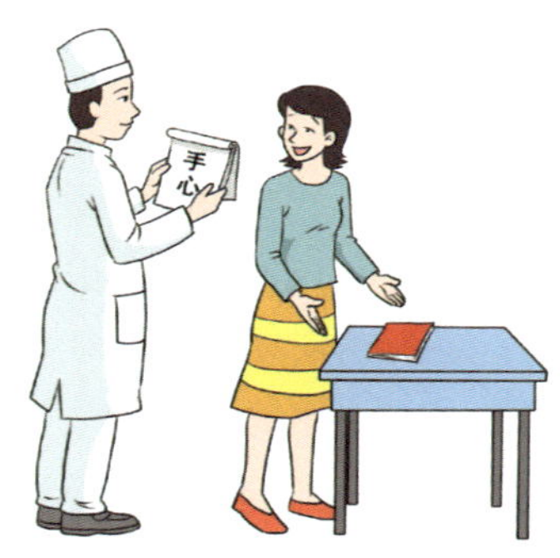

“手心！”＝书桌
（语词新作）

患者说话明显增多，口若悬河，滔滔不绝，词汇丰富，联想快，常出现音联、意联，言语表达可能跟不上思维，导致言语衔接不连贯。
（象征性思维）

附件：

心理测试部分

——情绪稳定性测试

1．看到自己最近一次拍摄的照片，你有何想法？

a.觉得不称心　　b.觉得很好　　c.觉得可以

2．你是否想到若干年后会有什么使自己极为不安的事？

a.经常想到　　b.从来没想到　　c.偶尔想到

3．你是否被朋友、同事、同学起过绰号、挖苦过？

a.这是常有的事　　b.从来没有　　c.偶尔有过

4．你上床以后，是否经常再起来一次，看看门窗是否关好、炉子是否封好等。

a.经常如此　　b.从不如此　　c.偶尔如此

5．你对与你关系最密切的人是否满意？

a.不满意　　b.非常满意　　c.基本满意

6．你在半夜的时候，是否经常觉得有什么值得害怕的事？

a.经常　　b.从来没有　　c.极少有这种情况

7．你是否经常因梦见什么可怕的事而惊醒？

a.经常　　b.从没有　　c.极少

8．你是否曾经有多次做同一个梦的情况？

a.有　　b.没有　　c.记不清

9．有没有一种食物使你吃后呕吐？

a.有　　b.没有　　c.偶尔有

10．除去看见的世界外，你心里有没有另外一种世界？

a.有　　b.没有　　c.说不清

11．你心里是否时常觉得你不是现在的父母所生？

a.时常　　b.没有　　c.偶尔有

12．你是否曾经觉得有一个人爱你或尊重你？

a.是　　b.否　　c.说不清

13．你是否常常觉得你的家庭对你不好，但是你又确知他们的确对你好？

a.是　　b.否　　c.偶尔

14．你是否觉得没有人十分了解你？

a.是　　b.否　　c.说不清楚

15．你在早晨起来的时候最经常的感觉是什么？

a.秋雨霏霏或枯叶遍地　　b.秋高气爽或艳阳天　　c.不清楚

16．你在高处的时候，是否觉得站不稳？

a.是　　b.否　　c.有时是这样

17．你平时是否觉得自己很强健？

a.否　　b.是　　c.不清楚

18．你是否一回家就把房门关上？

a.是　　b.否　　c.不清楚

19．你坐在小房间里把门关上后，是否觉得心里不安？

a.是　　b.否　　c.偶尔是

20．当一件事需要你作出决定时，你是否觉得很难？

a.是　　b.否　　c.偶尔是

21．你是否常常用抛硬币、玩纸牌、抽签之类的游戏来测凶吉？

a.是　　b.否　　c.偶尔

22．你是否常常因为碰到东西而跌倒？

a.是　　b.否　　c.偶尔

23．你是否需用一个多小时才能入睡，或醒得比你希望的早一个小时？

a.经常这样　　b.从不这样　　c.偶尔这样

24．你是否曾看到、听到或感觉到别人觉察不到的东西？

a.经常这样　　b.从不这样　　c.偶尔这样

25．你是否觉得自己有超越常人的能力？

a.是　　b.否　　c.不清楚

26．你是否曾经觉得因有人跟你走而心理不安？

a.是　　b.否　　c.不清楚

27．你是否觉得有人在注意你的言行？

a.是　　b.否　　c.不清楚

28．当你一个人走夜路时，是否觉得前面潜藏着危险？

a.是　　b.否　　c.不清楚

29．你对别人自杀有什么想法？

a.可以理解　　b.不可思议　　c.不清楚

以上各题的答案，选a得2分，选b得0分，选c得1分。请将你的得分统计一下，算出总分。得分越少，说明你的情绪越佳，反之越差。

总分0～20分，表明你情绪基本稳定，自信心强，具有较强的美感、道德感和理智感。你有一定的社会活动能力，能理解周围人们的心情，顾全大局。你一定是个性情爽朗、受人欢迎的人。

总分21～40分，说明你情绪基本稳定，但较为深沉，对事情的考虑过于冷静，处事淡漠消极，不善于发挥自己的个性。你的自信心受到压抑，办事热情忽高忽低，瞻前顾后，踌躇不前。

总分在41分以上，说明你的情绪极不稳定，日常烦恼太多，使自己的心情处于紧张和矛盾中。如果你得分在50分以上，则是一种危险信号，你务必请心理医生进一步诊断。

图书在版编目（CIP）数据

幸福生活100问/中国农学会组编．-北京：中国农业出版社，2014.5

（农村妇女科学素质提升行动科普丛书）

ISBN 978-7-119-19067-2

Ⅰ．①幸… Ⅱ．①中… Ⅲ．①科学知识－女性读物 Ⅳ．①Z228.4

中国版本图书馆CIP数据核字（2014）第070069号

中国农业出版社出版
（北京市朝阳区农展馆北路2号）
（邮政编码 100125）
责任编辑 孟令洋

中国农业出版社印刷厂印刷 新华书店北京发行所发行
2014年6月北京第1版 2014年6月北京第1次印刷

开本：889mm×1194mm 1/32 印张：3.75
字数：120千字 印数：1～10 000册
定价：24.00元